# 张爱玲的朋友圈

陶方宣 著

河南文艺出版社
· 郑州 ·

# 目录

## 不了情　美国，1955.11—1995.9

# 张爱玲就是巨大的 "鲸落" （序）

有一天看到 "鲸落" 一词，突然眼前一亮：张爱玲就是 "鲸落"，胡适就是 "鲸落"；《诗经》 就是 "鲸落"，《红楼梦》 就是 "鲸落"。当海洋中超级鲸鱼死亡，那巨大的身躯像撞上冰山的泰坦尼克号一样缓缓沉入海底时，一批又一批生物正虎视眈眈，准备一饱口福。

"鲸落" 一词是专用名词，极少有人知道，必须对它做出专门的解释，或者你去问一问度娘也可以得到答案：鲸鱼在海洋中死去，它的尸体就沉入海底，生物学家赋予这个过程一个特有名词——鲸落（Whale Fall）。像一棵大树倒地腐烂，在植物学家眼里它其实并没有死去一样——在植物学上，腐烂的大树会成为一系列生物的一个生态系统，获得另一种意义上的重生。鲸鱼也是如此，它的尸体供养着一整套生命系统。美国夏威夷大学研究人员发现，在太平洋深海中，至少有 43 个种类的 12490 个生物体是依靠"鲸落"生存，包括蛤蚌、蠕虫、盲眼虾和吃骨虫等。它们不仅在尸体旁吃点"残羹剩饭"，有些群落还可以"化能自养"。"化能自养"就是说，它们可以通过化学反应自己生产食物。对这种新奇的生态系统深入研究后科学家发现，细菌会吃掉鲸鱼的骨头，这种骨头中含有 60% 的脂肪。随后，细菌会制造硫化氢——一种有臭鸡蛋味道的化学物质。成千上万种"化能自养"的海洋生物再将硫化氢转化为能量，供它们生殖与繁衍。这个过程分几个阶段，长达一百多年：第一阶段，鱼类会像清道夫一样吃掉 90% 的"鲸落"，这段时间短则几个月，长则几年——主要取决于鲸鱼的大小。第二阶段，蠕虫和甲壳类生物将寄生于残余"鲸落"身躯上，这个阶段持续好几十年，直到鲸鱼只剩下空空的骨架。到了这一阶段，吃骨虫开始登场，这些微小物种分雌、雄两性，附着在鲸鱼骨骼上产下成千上万的幼虫。这些幼虫直到完全消化了鲸鱼骨骼之后，才开始在海洋中漂浮，直到遇到另外的"鲸落"，再开始周而复始的轮回。

天地之间万物相通，海底生态一如我们人类世界，"鲸落"就是我们置身其中的生存现象、文化现象。所以说张爱玲、胡适就是"鲸落"，《诗经》《红楼梦》就是"鲸落"，无数学者、教授、作家、编剧，他们作为文化生态中的次生物，年复一年消化着巨大的"鲸落"：分别从学术、影视、娱乐、文学各个角度进入这个生态系统，生命就这样延续，文化就这样承传。在这里你也许稍稍有点不解，《红楼梦》成为"鲸落"理所当然，它是中国文化集大成者。《诗经》也是，它是诗歌的源头，文化的源头。但是张爱玲成为"鲸落"似乎有点牵强，她的作品就是不多的几部中篇小说，她能承担得起这个沉重的分量吗？你的怀疑就是我的怀疑，但是我也清楚地知道，张爱玲靠的并不只是作品本身，她身后有一个重要的背景：老上海。当年五光十色的上海滩，那种华丽情缘、古典情结，恰好在上海女人张爱玲身上有最集中的呈现。华人回忆上海滩，必定少不了张爱玲。其次是张爱玲神秘另类的个性，包括她与民国才子胡兰成的传奇之恋，这场爱情像燃放在"孤岛"夜空的烟花，虽一闪而逝却令万众瞩目。当然也包括她那些不断重拍成影视的经典作品，那些出演的女明星引发一轮又一轮热门话题。更包括她的贵族出身：她的祖父、曾外祖父分别是清末重臣张佩纶与李鸿章，外曾祖父为著名的"黄军门"黄翼升，就连继母的父亲孙宝琦，亦是民国大总理——四大显赫家族撑在张爱玲身后，我们才在她生命里看到一派莽莽苍苍。

　　我从前写过张爱玲，这本《张爱玲的朋友圈》是新作，它从一个全新角度切入张爱玲的传奇世界，让那些摩登的、市侩的、海派的、革命的各色人等再一次围绕着女主角张爱玲粉墨登场，这是非常有趣也是非常好玩的一件事——因为世界从来都是七彩的，不会也不可能清一色。在我眼里，张爱玲就是超级巨鲸，这其实也是她不断蚕食别的"鲸落"的结果：比如她痴迷的《海上花列传》，还有《红楼梦》。她本身也是文化生态中的一环——我们所有的人，不管你是超级大师或懵懂学童，都是这条生物链或食物链中的一环，环环相扣，不可或缺。缺失一环世界就不完整，世界也不成为世界。生存的规则从来都是大鱼吃小鱼，小鱼吃虾米，虾米吃草籽，草籽反过来又在腐烂的淤泥上蓬勃生长——包括地球本身在宇宙中，也遵循着这条千古不变、万古不改的生存法则。相对于太阳这样的恒星来说，地球就是微不足道、朝生夕死的蜉蝣。从宇宙角度来看，太阳也是。世界的尽头是毁灭，人生的尽头也是。世界从来都是冰冷的，人生更是，这个世界不值得留恋。张爱玲对人世的苍凉与寒冽写得那么舒服、那么动人，从这一点上说，我要再一次尊称她为"祖师奶奶"。

# 华丽缘

上海，1920.9 — 1952.7

　　常德公寓，老上海时代叫爱丁顿公寓，张爱玲与姑姑张茂渊租住得最久的公寓。张爱玲就是在这里开始了文学创作，并创作了代表作《红玫瑰与白玫瑰》《金锁记》《倾城之恋》。也正是在爱丁顿公寓，她与胡兰成开始了一场荒腔走板的倾城之恋。

# 周瘦鹃： 戴壳子假发的汤孤鹜

周瘦鹃后来在文章中说："一个春寒料峭的下午，我正懒洋洋地耽在紫罗兰庵里，不想出门，眼望着案头宣德炉中烧着的一枝紫罗兰香袅起的一缕青烟在出神。我的小女儿瑛忽然急匆匆地赶上楼来，拿一个挺大的信封递给我，说有一位张女士来访问。我拆开信一瞧，原来是黄园主人岳渊老人介绍一位女作家张爱玲女士来，要和我谈谈小说的事。"

我其实很不喜欢周瘦鹃这种成年累月泡在酸菜坛子里的穷酸文人——泡酸菜爽口，泡辣椒更是我的最爱，但是泡在酸菜坛子里的酸腐文人，身上只有一股酸臭。看看周瘦鹃这个名字，又是瘦，又是鹃，太刻意太做作，像他的为人：喜欢吟风弄月，还喜欢拈花惹草，住在开满紫花的庵里——"庵"，你知道吧？人世他们嫌俗，他们要像尼姑、和尚那样住在庵里。虽然身处

周瘦鹃

滚滚红尘中的上海滩，也要给书斋取个"紫兰小筑"或"紫兰庵"这样的名字，办着《紫罗兰》《礼拜六》这样的闲适杂志，成天莳弄他的花花草草，我估计周瘦鹃肯定一手兰花指、一股娘娘腔。张爱玲后来在小说《小团圆》中给他取名"汤孤鹜"，这个名字真是贴切，又是"孤"又是"鹜"，全是照着周瘦鹃的心思来。而周瘦鹃的晚年，分明就是一只掉到沸汤中的孤鹜。

　　张爱玲与周瘦鹃有亲戚关系，她决定在上海以写作为生之后，这个海上文坛颇有知名度的作家进入她的视野，她这次来带着一篇小说《沉香屑·第一炉香》。这篇小说就是对着周瘦鹃的心思来创作，因为周瘦鹃家常年有一炉线香袅袅，周瘦鹃一看这篇小说的标题就不会拒绝。果然，周瘦鹃后来说："我一看标题叫做《沉香屑》，第一篇标明《第一炉香》，第二篇标明《第二炉香》，就这么一看，我已觉得它很别致，很有意味了。"当然，张爱玲还带了一封海上园艺名家黄岳渊先生写的推荐信。这个黄岳渊与张爱玲母亲黄逸梵家有很深的渊源，重要的是，他与同样有园艺之好的周瘦鹃关系极好，他曾经写有一本著作《花经》，出版时周瘦鹃也尽力推介。黄岳渊作为介绍人推荐张爱玲，周瘦鹃自然更加高看一眼。据他回忆，张爱玲很会敷衍他，"据说她的母亲和她的姑母都是我十多年前《半月》、《紫罗兰》和《紫兰花片》的读者，她母亲正留法学画归国，读了我的哀情小说，落过不少眼泪，曾写信劝我不要再写，可惜这一回事，我已记不得了"。

当天周瘦鹃与张爱玲谈了一个小时，"当夜我就在灯下读起她的《沉香屑》来，一壁读，一壁击节，觉得它的风格很像英国名作家 Somerset Maugham 的作品，而又受一些《红楼梦》的影响，不管别人读了以为如何，而我却是'深喜之'了。一星期后，张女士来问我读后的意见，我把这些话向她一说，她表示心悦神服，因为她正是 S. Maugham 作品的爱好者，而《红楼梦》也是她所喜读的。我问她愿不愿将《沉香屑》发表在《紫罗兰》里，她一口应允，我便约定在《紫罗兰》创刊号出版之后，拿了样本去瞧她，她称谢而去。当晚她又赶来，热诚地约我们夫妇俩届时同去，参与她的一个小小茶会"。

到了《紫罗兰》出版的那天，周瘦鹃带了杂志如约来到张爱玲与姑姑居住的爱丁顿公寓，他坐着电梯直上六楼，"由张女士招待到一间'洁而精'的小客室里，见过了她的姑母，又指着两张照片中一位丰容盛鬓的太太给我介绍，说这就是她的母亲，一向住在星加坡，前年十二月八日以后，杳无消息，最近有人传言，说已到了印度去了。这一个茶会中，并无别客，只有她们姑侄俩和我一人"。

对于这一次茶聚，张爱玲后来在小说《小团圆》中也有记载。时光流转、人事更迭，这时候的张爱玲口气变得有点轻慢：

"有个二〇年间走红的文人汤孤鹜又出来办杂志，九莉去投稿。楚娣悄悄的笑道：'二婶那时候想逃婚，写信给汤孤鹜。'

"'后来怎么样？'九莉忍不住问。'见了面没有？'

"'没见面。不知道有没有回信，不记得了。'又道：'汤孤鹜倒是很清秀的，我看见过照片。后来结了婚，把他太太也捧得不得了，做的诗讲他们除却离家总并头，我们都笑死了。'

"那时候常有人化名某某女士投稿。九莉猜想汤孤鹜收到信一定是当作无聊的读者冒充女性，甚至于是同人跟他开玩笑，所以没回信。

"汤孤鹜来信说稿子采用了，楚娣便笑道：'几时请他来吃茶。'

"九莉觉得不必了，但是楚娣似乎对汤孤鹜有点好奇，她不便反对，只得写了张便条去，他随即打电话来约定时间来吃茶点。

"汤孤鹜大概还像他当年，瘦长，穿长袍，清瘦的脸，不过头秃了，戴着个薄黑壳子假发。

"他当然意会到请客是要他捧场，他又并不激赏她的文字。因此大家都没多少话说。

"九莉解释她母亲不在上海，便用下颏略指了指墙上挂的一张大照片，笑道：'这是我母亲。'

"椭圆雕花金边镜框里，蕊秋头发已经烫了，但还是民初的前溜海，蓬蓬松松直罩到眉毛上。汤孤鹜注视了一下，显然印象很深。那是他的时代。

"'哦，这是老太太。'他说。

"九莉觉得请他来不但是多余的，地方也太逼仄，分明是个卧室，就这么一间房，又不大。一张小圆桌上挤满了茶具，三人几乎促膝围坐，不大像样。……"

一段是几十年后的回忆，用小说笔法写出；另一段则是事发不久的追记，用纪实手法写出。从真实角度来看，周瘦鹃的记载提供了与事实最接近的文本。

周瘦鹃对张爱玲的小说相当欣赏，"一壁读，一壁击节"，"深喜之"。不知道张爱玲后来为何在小说里这样写："他当然意会到请客是要他捧场，他又并不激赏她的文字。因此大家都没多少话说。"也有可能是，文字毕竟是文字，生活毕竟是生活，许多生活中只可意会不可言传的态度，以张爱玲的敏感不可能体会不到，而这一切也不可能全都在文字中得到反映。周瘦鹃的记述则完全与她相反："茶是牛酪红茶，点是甜咸俱备的西点，十分精美，连茶杯与点碟也都是十分精美的。我们三人谈了许多文艺和园艺上的话，张女士又拿出一份她在《二十世纪》

杂志中所写的一篇文章《中国的生活与服装》来送给我，所有妇女新旧服装的插图，也都是她自己画的。我约略一读，就觉得她英文的高明，而画笔也十分生动，不由不深深地佩服她的天才。"

良好的开头却没有很好地延续，张爱玲与有提携之恩的周瘦鹃很快走向反目：《沉香屑·第一炉香》发表后，张爱玲一夜之间红遍上海滩，周瘦鹃就决定将《沉香屑·第二炉香》分三期刊出，一是小说篇幅比较长，周瘦鹃非常喜爱，舍不得一次刊完；二是出于杂志的商业利益考虑，要吊住读者胃口。张爱玲获悉后立马表示反对，要求一期登完。周瘦鹃没有答应，双方由此产生芥蒂，心高气傲的张爱玲一气之下和周瘦鹃断绝了来往。对周瘦鹃的不满并没有随时间的流逝而消失，三十多年后她在美国撰写自传体小说《小团圆》，写到汤孤鹜时仍然没有好感——这也是张爱玲一贯的作风，她曾说过这样的话，沾到人就沾到脏。

细说起来，周瘦鹃与张爱玲的经历有几分相似，虽然在上海以小说成名，老家却在苏州，二十岁便辞职专事写作。早年一段爱情奠定了他人生基调：十八岁那年冬天他中学毕业，某日看戏时，结识了青春貌美的女主角周吟萍，少男少女才子佳人，自然是一见钟情。无奈两家地位悬殊，加上周吟萍幼时便已定亲，美满姻缘成为泡影。周瘦鹃将爱情深埋在心底，周吟萍英文名叫 Violet，意即紫罗兰。为了纪念他们的爱情，周瘦鹃经常用怀兰、怀兰室主等笔名发表文章，所编杂志和丛刊定名

《紫罗兰》《紫兰花片》，自己的小品集取名《紫兰芽》《紫兰小谱》。他自己说："我之与紫罗兰，不用讳言，自有一段影事，刻骨倾心，达四十余年之久，还是忘不了……"失恋对周瘦鹃的文学创作起到了巨大的推动作用，在他早期所写的大量小说中，哀情小说最为突出，因而周瘦鹃也有哀情巨子、哀情大师称号。

　　也许是对世事失望，也许是厌倦了红尘，周瘦鹃后来倾其所有在苏州购买了紫兰小筑，在其中遍植花草、盆景。就在这方小小庭园里，蓄着百年的绿毛龟、五人墓畔移来的义士梅。他开始与明月清风相伴，闭门谢客，过起了陶渊明式的隐居生活，虽大隐隐于市，却自有闻香而至的高洁雅士。

　　那个时候虽说气氛开始不对，但是周瘦鹃仍一如既往生活在美景中，程小青、范烟桥、谢孝思等老克勒（克勒是英文clerk 的音译，老克勒指旧上海最先受到西方文化冲击的一群人）经常来紫兰小筑。在春天的阳光下，他们画画、品茗、写诗。当时周家有一个好保姆，夏日聚会后周瘦鹃便说：娘姨，我们中午要吃荷叶粉蒸肉。娘姨就笑着到后院廊下采荷叶。自家园子里有一池田荷叶，这是多么幸福的雅事！一年后的"文革"，周瘦鹃这样的人自然是逃避不过，他最终投身自家荷池自杀，一池荷叶恰好掩住这位七十四岁老者瘦削、单薄的身体——莫非在生前他就想好了后事？那是 1968 年 7 月 18 日，正是夏日荷叶亭亭玉立的时候。

## 平襟亚： 锱铢必较的秋翁

柯灵回忆张爱玲的片段最让人喜欢，那时他主编《万象》，刚刚从事写作的张爱玲有一天来看他："那大概是七月里的一天，张爱玲穿着丝质碎花旗袍，色泽淡雅，也就是当时上海小姐普通的装束，腋下夹着一个报纸包，说有一篇稿子要我看看，那就是随后发表在《万象》上的小说《心经》，还附有她手绘的插图。"

那天是 1943 年 7 月的一天，当张爱玲腋下夹着小说手稿走上万象杂志社木楼梯时，一如张恨水笔下那些穿蓝布罩衫的女学生，朴素而清纯，低眉又低调，甚至还有点落寞。她稍稍有点迟疑，在福州路昼锦里那座双开间石库门前略略停住脚——这里就是平襟亚主办的《万象》杂志所在地。张爱玲最后敲开二楼一个房间的门，平襟亚抬头温和地看着她。她先做了自我

这幢红房子就是当年《万象》杂志所在地

介绍，我叫张爱玲，是上海的一个写作者，我写了一篇小说，想请你们看看。

目光敏锐的平襟亚不可能对一夜爆红的海上才女张爱玲没有关注，他当时是一边接过稿子，一边热情地说，欢迎投稿，欢迎投稿。双方略谈片刻，平襟亚站起身，说稿件的事要请杂志编辑审定，于是客气地将张爱玲领进隔壁《万象》杂志编辑部。

当时柯灵应聘《万象》主编不久，正在寻求作家的支持，见才女作家张爱玲主动来访，自然喜出望外。他关注张爱玲已有一段时间，也看过她登在《紫罗兰》上的两篇小说，非常欣赏。平襟亚离开后，柯灵和张爱玲闲聊起来。这次谈话时间不长，但宾主尽欢。不久，小说《心经》在《万象》上分两期登完。两个月后，张爱玲的另一篇小说《琉璃瓦》也在这本杂志上发表。

同一本杂志接连刊登两部小说，张爱玲非常满意。这时，成名心切的她有了更大的野心，希望趁热打铁出版短篇小说集。她亲自写信给平襟亚，提出自己的想法，请求帮助出版，不料被婉言谢绝。平襟亚是作家也是商人，他虽然欣赏张爱玲的小说，但要出版单行本，必然要考虑商业利益。为了不让张爱玲灰心，他主动约她给《万象》写一部连载小说，每月写七八千字，按月预支稿酬千元。张爱玲欣然答应，马上着手撰写长篇小说《连环套》。第一期刊出后，她觉得稿费太低，亲自跑到万象书屋，要求由千字一百元变为千字一百五十元。平襟亚不愿破例，坚持按普通稿费标准支付，双方发生龃龉，最终不欢而散。

年少气盛的张爱玲说到做到，停止给《万象》供稿。柯灵不想让这次合作夭折，便向老板平襟亚提议，于第六期付印时给张爱玲预付两千元。可是，张爱玲已下决心不再向《万象》供稿，马上将杂志社送去的两千元如数退还。就这样，令无数读者翘首以待的《连环套》被作者腰斩。

合作中断后，平襟亚认为按照原来"每期稿费一千元"的约定，张爱玲应得六千元，但实际领走了七千元。于是，他在《海报》上撰文，把张爱玲多领一千元稿费之事公之于众。

平襟亚

　　为了进一步确认张爱玲收了钱，平襟亚竟然在文后附上账单。此文一出，张爱玲立马写了篇《不得不说的废话》予以还击："常常看到批评我的文章，有的夸奖，有的骂，虽然有时候把我刻划得很不堪的，我看了倒也感到一种特殊的兴趣。有一天忽然听到汪宏声先生（我中学时代的国文教师）也写了一篇《记张爱玲》，我回忆到从前的学校生活的时候，就时常联带想到汪先生，所以不等《语林》出版就急急地赶到印刷所里去看。别的都不必说了，只有一点使我心里说不出地郁塞，就是汪先生揣想那'一千元灰钿'的纠纷和我从前一篇作文充两篇大约是同样的情形。小时候有过这样惫懒的事，也难怪汪先生就这样推断。但是事实不是这样的。也可见世上冤枉的事真多。汪先生是从小认识我的，尚且这样想，何况是不大知道我的人？所以我收到下面的这一封读者来函，也是意中事：

　　"'……我从前也轻视过你，我想一个艺人是不应该那么为金钱打算的；不过，现在我却又想，你是对的，你为许多艺人

对贪婪的出版家作了报复，我很高兴……'

"关于这件事，事过境迁，我早已不愿去提它了，因为汪先生提起，所以我想想看还是不能不替我自己洗刷一番。

"我替《万象》写《连环套》，当时言明每月预付稿费一千元。陆续写了六个月，我觉得这样一期一期地赶，太逼促了，就没有写下去。此后秋翁先生就在《海报》上发表了《一千元的灰钿》那篇文章，说我多拿了一个月的稿费。柯灵先生的好意，他想着我不是赖这一千元的人，想必我是一时疏忽，所以写了一篇文章在《海报》上为我洗刷，想不到反而坐实了这件事。其实错的地方是在《连环套》还未起头刊载的时候——三十二年十一月底，秋翁先生当面交给我一张两千元的支票，作为下年正月份二月份的稿费。我说：'讲好了每月一千元，还是每月拿罢，不然寅年吃了卯年粮，使我很担心。'于是他收回那张支票，另开了一张一千元的给我。但是不知为什么账簿上记下的还是两千元。

"我曾经写过一篇否认的信给《海报》，秋翁先生也在《海报》上答辩，把详细账目公开了。后来我再写第二封信给《海报》，大概因为秋翁的情面关系，他们未予发表。我觉得我在这件无谓的事上已经浪费了太多的时间，从此也就安于缄默了。"

一个言之凿凿，一个铁证如山，双方你来我往争执不休，最后成为无头公案。其时张爱玲正与胡兰成热恋，胡兰成当然要替情人说话，撰文说，她认真地工作，从不占人便宜，人也休想占她的，要使她在稿费上头吃亏，用怎样高尚的话也打不动她，她的生活里有世俗的清洁。

平襟亚看到很不开心，总想找个机会报复一下。几个月后，《海报》约请沪上十名文人写一篇接力式小说《红叶》，平襟亚名列其中。他借题发挥，写一对年轻夫妻在自家后园赏花，妻子突发奇想，问家里的老园丁："这里有没有狐仙?"园丁回答："这里是没有的，而某家园中，每逢月夜，时常出现一妖狐，对月儿焚香拜祷，香焚了一炉，又焚一炉，一炉一炉地焚着，直到最后，竟修炼成功，幻为婵娟美女，出来迷人。"明眼人一看便知，这是在影射《沉香屑·第一炉香》《沉香屑·第二炉香》的作者张爱玲。好在接续其后的文史掌故大家郑逸梅深感不妥，赶紧把所谓"妖狐"一笔撤开，以免引起新的风波。

平襟亚是江苏常熟人，幼年丧母，生活贫困，常熟师范毕业后任小学教员。1915 年至上海，任上海世界书局编辑，兼为上海各报特约撰稿，因为文字中涉及吕碧城、陆小曼多次闹出官司，张爱玲也算其中一件，新中国成立后留在上海，致力于评弹事业。他的侄子平鑫涛去了台湾，受其影响创办了著名的皇冠出版社，后来迎娶了言情小说大师琼瑶。

# 柯灵：长着山羊脸的荀桦

张爱玲在内地再度走红，源于一篇著名的文章《遥寄张爱玲》，这篇文章的作者，就是海上文坛一个响当当的人物：柯灵。

这是一篇很长很长的文字，柯灵一开始这样写道："不见张爱玲三十年了。'三十年前的上海，一个有月亮的晚上……我们也许没赶上看见三十年前的月亮。年青的人想着三十年前的月亮应该是铜钱大的一个红黄的湿晕，像朵云轩信笺上落了一滴泪珠，陈旧而迷惘。老年人回忆中的三十年前的月亮是欢愉的，比眼前的月亮大，圆，白；然而隔着三十年的辛苦路望回看，再好的月色也不免带点凄凉。'这是《金锁记》里开头的一段。我现在正是带着满头的白发，回看那逝去的光阴，飞扬的尘土，掩映的云月。"

一个很苍凉很文艺的开头，十足的张爱玲味道，正好配得上张爱玲的人生。柯灵随手写道："……僭称'爱玲老友'，天外邮书，大概难免落谬托知已之消。但彼此以文字交往始，已经整整四十年；阔别至今，她也未尝从我内心深处的'亲友题名录'中注销，却是事实。

"她的著作，四十年代在内地出版的《传奇》、《流言》，我至今好好地保存着，她近三十年在台湾和香港出版的著作，也已经大体搜集完全，只是最近得到的三本来不及读。唐文标的《张爱玲研究》、《张爱玲资料大全集》等书，我手头都有。胡兰成的《今生今世》和《山河岁月》，我也找来读了。我自己忝为作家，如果也拥有一位读者——哪怕只是一位，这样对待我的作品，我也就心满意足了。

"我最初接触张爱玲的作品和她本人，是一个非常严峻的时代。一九四三年，珍珠港事变已经过去一年多，离第二次世界大战结束和中国抗战胜利还有两年。上海那时是日本军事占领下的沦陷区。当年夏季，我受聘接编商业性杂志《万象》，正在寻求作家的支持，偶尔翻阅《紫罗兰》杂志，奇迹似地发现了《沉香屑——第一炉香》。

"张爱玲是谁呢？我怎么能够找到她，请她写稿呢？紫罗兰庵主人周瘦鹃，我是认识的，我踌躇再三，总感到不便请他作青鸟使。正在无计可施，张爱玲却出乎意外地出现了。

"出版《万象》的是中央书店，在福州路昼锦里附近的一个小弄堂里，一座双开间石库门住宅，楼下是店堂，《万象》编辑室设在楼上厢房里，隔着一道门，就是老板平襟亚夫妇的卧室。

晚年时的柯灵先生

柯灵主编的杂志《万象》

好在编辑室里除了我，就只有一位助手杨幼生（即洪荒，也就是现在《上海抗战时期文学丛书》的实际负责人之一），不至扰乱东家的安静。当时上海的文化，相当一部分就是在这类屋檐下产生的。而我就在这间家庭式的厢房里，荣幸地接见了这位初露锋芒的女作家。"

这一年柯灵三十四岁，风流才子见到了当红才女，两个人又同为作家，要是没有一点爱慕之心就失了人之常情。一直到了晚年，他的书在香港出版，他特地在一本书上签下"爱玲老友指正"字样。明明知道张爱玲收不到，却只为自己留下做纪念。一个年纪已经很大的老先生，做下如此天真烂漫孩子气的事，可以想见张爱玲在他心目中的分量。

当时张爱玲刚刚出道，凡事拿不定主意，就说给他听，听听他的建议。柯灵回忆说："上海沦陷后，文学界还有少数可尊敬的前辈滞留隐居，他们大都欣喜地发现了张爱玲，而张爱玲本人自然无从察觉这一点。郑振铎隐姓埋名，典衣节食，正肆力于抢购祖国典籍，用个人有限的力量，挽救'史流他邦，文归海外'的大劫。他要我劝说张爱玲，不要到处发表作品，并具体建议：她写了文章，可以交给开明书店保存，由开明付给稿费，等河清海晏再印行。那时开明编辑方面的负责人叶圣陶已举家西迁重庆，夏丏尊和章锡琛老板留守上海，店里延揽了一批文化界耆宿，名为编辑，实际在那里韬光养晦，躲风避雨。王统照、王伯祥、周予同、周振甫、徐调孚、顾均正诸老，就都是的。可是我对张爱玲不便交浅言深，过于冒昧。也是事有凑巧，不久我接到她的来信，据说平襟亚愿意给她出一本小说集，承她信赖，向我征询意见。

"上海出版界过去有一种'一折八扣'书，专门翻印古籍和通俗小说之类，质量低劣，只是靠低价倾销取胜，中央书店即以此起家。……"

柯灵对张爱玲的来信很重视，马上给她寄了一份中央书店的书目供她参考，说明如果是我，宁愿婉谢垂青……以她的才华，不愁不见知于世，希望她静待时机，不要急于求成。

张爱玲是很急迫的，她回信给柯灵提到"趁热打铁"四个字，她说过这样的话："出名要趁早呀！来得太晚的话，快乐也不那么痛快。"而几乎与此同时，她的处女作《传奇》就面世了，出版者是上海的杂志社。柯灵看到后很后悔，说："早知如此，倒不如成全了中央书店。"

在对待成名的态度上张爱玲是对的，对于当时的她来说，一则没有能力举家西迁，二则尚不够资格韬光养晦，不过是个文坛新秀，若非趁热打铁，真不知道要等到何时才能河清海晏。何况，若不是张爱玲的锋芒毕露，红遍上海，又何来文学界前辈的"欣喜地发现"呢？先有鸡还是先有蛋的问题从来都是见仁见智。事实上，河清海晏之后，张爱玲唯一能做的便是离开。如果她听从柯灵的话，中国文坛就不会有她张爱玲了——这就是命中注定。她与柯灵的关系也是命中注定要一波三折。因为柯灵编辑的《万象》发表了署名迅雨的著名文章《论张爱玲的小说》，张爱玲勃然大怒，立马绝交，与柯灵的友谊却奇迹般地保持下来。1944 年秋，张爱玲将《倾城之恋》改编为舞台剧本，柯灵说："又一次承她信赖，要我提意见，其间还有个反复的修改过程。我没有敷衍塞责，她也并不嫌我信口雌黄。后来剧本在大中剧团上演，我也曾为之居间奔走。剧团的主持人是周剑云，我介绍张爱玲和他在一家餐厅里见面。

"那时张爱玲已经成为上海的新闻人物，自己设计服装，表现出她惊世骇俗的勇气，那天穿的，就是一袭拟古式齐膝的夹袄，超级的宽身大袖，水红绸子，用特别宽的黑缎镶边，右襟下有一朵舒蜷的云头——也许是如意。长袍短套，罩在旗袍外面。

"《流言》里附刊的相片之一，就是这种款式。相片的题词：'有一天我们的文明，不论是升华还是浮华，都要成为过去。然而现在还是清如水明如镜的秋天，我应当是快乐的。'周剑云战前是明星影片公司三巨头之一，交际场上见多识广，那天态度也显得有些拘谨，张爱玲显赫的文名和外表，大概给了他深刻的印象。

"这台戏后来在新光大戏院上演了，导演是朱端钧，当年上海的四大导演之一，饰流苏的罗兰，饰范柳原的舒适，都是名重一时的演员。事后我因此得到张爱玲馈赠的礼物：一段宝蓝色的绸袍料。我拿来做了旗袍面子，穿在身上很显眼，桑弧见了，用上海话说：'赤刮刺新的末。'桑弧是影片《不了情》的导演，张爱玲的熟朋友。——但这是后话。"

1945 年 6 月，柯灵被捕，囚在"贝公馆"。

　　张爱玲在《小团圆》里记载得比较详细："'荀桦被捕了，宪兵队带走的，'她说。'荀太太出去打听消息，所以我在这里替她看家。刚才宪兵来调查，我避到隔壁房间里，溜了出来。'

　　"之雍正有点心神不定，听了便道：'宪兵队这样胡闹不行的。荀桦这人还不错。这样好了：我来写封信交给他家里送去。'

　　"九莉心里想之雍就是多事，不知底细的人，知道他是怎么回事？当然她也听见文姬说过荀桦人好。

　　"饭后之雍马上写了封八行书给宪兵队大队长，九莉看了有一句'荀桦为人尚属纯正，'不禁笑了，想起那次送稿子到荀家去，也是这样没人在家，也是这朱小姐跟了出来，告诉她荀太太出去了，她在这里替她看孩子。九莉以为是荀太太的朋友，但是她随即嗫嚅的说了出来：她在一个书局做女职员，与荀桦有三个孩子了。荀太太也不是正式的，乡下还有一个，不过这一个厉害，非常凶，是个小学教师。"

　　看过《小团圆》的人都知道，小说中的"荀桦"就是柯灵，张爱玲这样写："来了就讲些文坛掌故，有他参预的往往使他夹在中间左右为难，'窘真窘！'——他的口头禅。……他说话圆融过份，常常微笑嗫嚅着，简直听不见，然后爆发出一阵低沉的嘿嘿的笑声，下结论道：'窘真窘！'"一段话就活脱脱勾勒出一个自我感觉良好的小男人形象。小男人形象是柯灵给人最典型的形象，写字人加上上海人，这样的男人想大起来都不太可能。柯灵后来对张爱玲所做的行为在坊间引发哄传，这完全来自《小团圆》的记载。

《小团圆》中有这样的描写:"次日下午她买了一大盒奶油蛋糕带去送给主人家。乘电车去,半路上忽然看见荀桦,也在车上,很热络的招呼着,在人丛中挤了过来,吊在藤圈上站在她跟前。

"寒暄后,荀桦笑道:'你现在知道了吧,是我信上那句话:只有白纸上写着黑字是真的。'

"'是吗?'九莉心里想。'不知道。'她只微笑。

"怪不得他刚才一看见她,脸上的神气那么高兴,因为有机会告诉她'是我说的吧?'

"真挤。这家西点店出名的,蛋糕上奶油特别多,照这样要挤成浆糊了。

"荀桦乘着拥挤,忽然用膝盖夹紧了她两只腿。

"她向来反对女人打人嘴巴子,因为引人注目,迹近招摇,尤其像这样是熟人,总要稍微隔一会才侧身坐着挪开,就像是不觉得。但是就在这一刹那间,她震了一震,从他膝盖上尝到坐老虎凳的滋味。

"她担忧到了站他会一同下车,摆脱不了他。她自己也不大认识路,不要被他发现了那住址。幸而他只笑着点点头,没跟着下车。刚才没什么,甚至于不过是再点醒她一下:汉奸妻,人人可戏。"

张爱玲说"她向来反对女人打人嘴巴子",她的意思是她想打柯灵嘴巴子。从《遥寄张爱玲》一文中可以看到,柯灵其实对张爱玲极有好感，这个动作虽然不雅，好像也没有多么下流。也许只是男人在一个长时间内有好感的女人面前（何况意外相见，又站得那么近）一个下意识的示爱。一个男性一刹那的念头，虽然不免有点弄巧成拙。张爱玲其实对这一点是很清楚的，她自己就说过这样的话，很多女人的矫情在于，男人不调戏她，她说他不是男人。男人若调戏她，她又说他很下流。这一句名人名言很好地反映了她对柯灵调戏的态度。从骨子里，她张爱玲不是女神，他柯灵也不是男神，他们如果不写作，也就是两位市井男女而已。张爱玲很快就感受到柯灵的势利：还是在《小团圆》中，盛九莉很快和荀桦又见面了，荀桦做了文化局的官员，人也白胖起来，乡下的糟糠之妻和同居的那个朱小姐都离掉了，另娶了一个。燕山约了盛九莉去他那儿吃饭，饭桌上荀桦不跟盛九莉说话，饭后立即走开了，倚在钢琴上，"萧然意远"。

新中国成立后柯灵做了上海电影剧本创作所副所长，所长是夏衍，他们想邀请张爱玲来做编剧，没等他告诉张爱玲，却得知她已经去了香港——他们的交集也就到此为止。

# 苏青： 大方利落的女娘

苏青本名冯和仪，从小被寄养在老家宁波冯家村跟祖母生活。家里有文化的人都长年在外，祖母目不识丁，就是一个乡间最平常的老太太。几年下来，苏青变成一个满口粗话的野孩子，全无一点女孩子做派：剪个短短的小平头，和男孩子混在一块上山挖野笋，下河摸田螺，还喜欢舞枪弄剑，女孩子的小零碎、小玩意她都嗤之以鼻。如此天性袒露的姑娘，个性自由的思想就陪伴她一生。

民国年代新文化风起云涌，层出不穷的文艺刊物令新青年们喜出望外，他们不满足于陈腐的观念和死板的教科书，内心涌动着对新生活的渴望，苏青就是这叛逆激进的一员。这时候她阅读了大量的新文学作品，思想转变极快，参与各类政治活动，写文章，演话剧，组织演讲，每日忙得不亦乐乎。后来在

苏青老家宁波冯家村的老房子

中山公学，苏青和同学们排练了莎士比亚的名剧《罗密欧与朱丽叶》，因为要用英语演出，所以演员的英语一定要好。苏青在出洋留学的父亲冯松雨影响下，英语说得极为流利，人长得漂亮，又是文艺积极分子，理所当然出演朱丽叶。男主角罗密欧一直没有合适人选。后来在校园，她遇见了高大英俊的男生李钦后，眼睛一亮，真是踏破铁鞋无觅处，得来全不费工夫——这不就是罗密欧吗？一对话才发现，李钦后英语也棒极了，苏青心生欢喜，决定由李钦后出演罗密欧。罗密欧爱上朱丽叶，李钦后爱上苏青，戏里戏外戏假情真，这一场假戏真做把苏青的命运完全改变了。当时因为苏青父亲去世，冯家开始走下坡路，母亲鲍云仙迫切想找个富家子弟做靠山，富商李家正符合她的要求。更何况李钦后一表人才，深得苏青喜欢。李家风闻苏青长相清秀，又是著名的才女，怕夜长梦多，忙不迭地要来说亲。当时苏青考取了南京中央大学，而李钦后则在苏州的东吴大学读书。提亲前李钦后特地来到南京见苏青，当时苏青在最热门的外文系。宿舍里有六个女生，唯她长得最漂亮，被人称为"宁波皇后"：鹅蛋脸、细黛眉、丹凤眼、高鼻梁，穿的是连衣裙，半高跟鞋，成天嘴里嚼着巧克力，极其像鲍云仙。李钦后晚上住在旅馆里，白天就在苏青宿舍流连。偶然一次，他在桌上发现一大堆求爱信，苏青舍友告诉他，这只是最近几天收到的，苏青来不及处理。若是所有求爱信一直保留到今天，肯定有几箩筐。李钦后大吃一惊，回到家把看到的一切说给母亲听。李母一听急了，这么好的一个女孩子，要是被人抢走那可吃大亏了。李家赶紧提亲，并且要求马上结婚。苏青没有二话，先是请假结婚，而后退学生子。她得到了孩子却失去了大学，这为她将来的命运埋下祸根：李钦后毕业后在上海做律师，碍于情面不肯向家中伸手要钱。面对一窝小孩，苏青伸手向他讨要生活费，正在生闷气的李钦后抬手就给她一巴掌："你也是文化人，你为什么不能挣钱？"这一巴掌打散了苏青的婚姻，也将她打上职业女性的道路，这份职业就是自由撰稿人。

张爱玲说苏青是乱世里的盛世人，从不会悲悲切切自怨自艾，靠着手中一支笔在沦陷的上海滩活下去，还要活得活色生香。她不是一个人，她后面有一窝小孩子，仅仅靠一支笔还不行，还需要靠着男人，这是没有办法的事。性别在这里就是差别，也就是命中注定她要遇上陈公博这样的男人。

1942 年 10 月，离婚后的苏青在《古今》杂志上发表一篇《论离婚》，说男子即使有了外遇也不会轻易离婚，可以在外边养外室，却一般不会和自家老婆提及离婚。因为即使老婆已为糟糠，毕竟服侍自己一场，再不济也可管家带孩子，且有能力和财力拈花惹草的一般名门望族，休妻也始终是件不光彩的事情。

这一番"换位思考"让当时的上海市市长陈公博看得十分舒坦，他认为苏青写到他心坎上。可能有过很多次这样的经历吧，他将苏青引为知己，通过《古今》杂志的老板、交通部次长朱朴，转给苏青一封信，聘用她为自己的专职秘书：白天帮他处理文件，夜晚便同床共榻。这样的生活过了一段时间，苏青心里不是滋味。某天突然收到一封密信，一位好心人提醒苏青，这样的生活对她来说太危险，提防有人暗下毒手。苏青非常害怕，背靠这棵大树，又不舍得放弃，她对陈公博提议，还是让她做市府专员比较好，陈公博满足了她的要求。不久，苏青又收到一封神秘来信，信里放着一张十万元的支票。苏青目瞪口呆，隐隐猜测到这个出手大方的人应该就是陈公博，她收下这笔钱。陈公博很高兴，又为她置下一套房子和全套家具。苏青就这样安顿下来，立马行动，注册了天地出版社和天地杂志社。这时候上海沦陷成为孤岛，物资非常紧张。陈市长出面替苏青搞到一车皮白纸，让她印书印杂志。整整一车皮的白纸让苏青喜出望外，她的出版社与杂志社隆重开张，创刊号《天地》杂志就寄给当时任汪伪政府宣传部次长的胡兰成。胡兰成看过杂志，说："先看发刊词，原来冯和仪又叫苏青，女娘笔下如此大方利落，倒是难为她。"

陈公博后来作为汉奸被处死，苏青迫于生计周旋在胡兰成与接收大员周化人之间。

苏青相当清楚胡兰成的为人，所以当胡兰成向她要张爱玲的地址时，她犹豫了一下，她不想害了自己的闺密。但是胡兰成态度坚定，她只好将张爱玲的地址抄给了他，一场在后世反复被人提起的倾城之恋从此开始。

两个女作家的结缘应该源于一封约稿信。张爱玲在上海一红惊天，苏青要办杂志，不可能漏掉这个明星式的女作家。在那封约稿信上，苏青用了四个字"叨在同性"——张爱玲看到不禁哑然失笑，将信拿给姑姑看。姑姑正在煮火腿粥，一眼看出她的得意，不忍扫她的兴，装作不屑一顾的样子皱皱鼻子："看到了，张小姐。"张爱玲很俗气地说："都是钱哪，我有钱付你生活费了。"姑姑说："财迷，老张家尽出你这样的人，一身俗骨。"姑姑的骂让她开心死了，又收到一个外国人的电话，约她去跳舞。她不会跳舞，所以拒绝了他。

其实要说起来，苏青与张爱玲是两个完全不同的人，一个男人婆似的满世界打拼，要养活自己和身边一窝老鼠般的小孩子；一个一人吃饱全家不饿，成天穿着稀奇古怪的衣裳拿腔拿

上海滩当红女作家苏青

调什么人也不想见。虽说同是女人，虽说同是作家，但是两个截然不同的人怎么可能和睦相处？可就是这两个人成了非常要好的朋友。张爱玲把苏青抬得很高，还说把她同冰心、白薇她们来比较，实在不能引以为荣，只有和苏青相提并论她是心甘情愿的。

苏青妹妹苏红晚年接受记者采访时说，苏青和张爱玲好得很，经常一同逛街一同看电影，还互相换衣裳穿。两个女人好到换衣裳穿，这是女人间不太多的友谊，民间形容两个人好，就说"好到同穿一条裤子"。

张爱玲和苏青能好到这种程度不太可信，也许是苏青妹妹随口说说。按张爱玲的性格，要她和别人同穿一件衣裳，那是不可能发生的事情。

后来在那次由新中国报社发起的海上女作家聚谈会上，苏青率先开了口，女作家的作品她从来不大看，她只看张爱玲的文章。主持人马上请张爱玲发表意见。张爱玲慢腾腾地说，古代的女作家她最喜欢李清照，李清照的优点早有定评，用不着她来分析介绍了。近代的最喜欢苏青，苏青之前，冰心的清婉往往流于做作。丁玲初期的作品是好的，后来略有点力不从心。踏实地把握住生活的情趣的，苏青是第一个，她的特点是"伟大的单纯"。经过苏青那俊洁的表现方法，最普通的话成为最动人的，因为人类的共同性，她比谁都懂得。

把苏青抬到继李清照之后一位女性文学的代表人物，确实是高看了苏青，也令在场的女作家很不痛快。据说会议结束后，许多女作家自动走到一起，孤立了张爱玲与苏青，并且在一旁冲着她们的背影指指点点。但是张爱玲和苏青才不在乎这些女人间的小动作，两人无所顾忌地说着闺密间的悄悄话，然后撇开众人扬长而去。

1949 年以后张爱玲逃往海外，苏青选择留在上海。她很快适应了新时代，这是她的长处，她在一夜之间就能顺应潮流穿上一套女式人民装，混迹在人群中你根本看不出她曾经是老上海当红女作家。她就是那种生存能力极强的人，她相信自己有能力活下去，也相信不管什么人当政，柴米油盐的日子总要让人过的，无非就是找一个挣钱养家的职业。作家金性尧有一天在街上看到苏青，后来写文章说，苏青也穿人民装了，她穿着一套女式的人民装。王安忆在《寻找苏青》中说："想明白了，才觉得苏青是可以穿那女式人民装的，金性尧老先生不是说'当时倾国倾城的妇女都是清一色的，要知道在五十年代这便是风靡一时的女式时装了'？苏青为什么不穿？这就是苏青利落的地方，要是换了张爱玲，麻烦就大了。其实，旗袍装和人民装究竟有什么区别？底下里，芯子里的还不是一样的衣食饱暖。"

可是在那样轰轰烈烈的年代，像苏青这样的人想取得"衣食饱暖"相当不容易。她到处托人打听，并且参加编剧学习班。毕业后组织上介绍她进入尹派创始人尹桂芳的芳华越剧团，根据民间故事《卖油郎独占花魁》改编的越剧《卖油郎》一上演就受到热烈欢迎，票房大好。尹桂芳十分高兴，将苏青的工资涨到每月三百元，这已是了不得的高收入。当时剧团除名角外，一般的演员才十几元一月。她很快又有了新的计划：着手编写历史剧《司马迁》。为了把这个剧本写好，苏青给复旦大学贾植芳教授写了一封信，向他请教有关史实，贾教授非常认真地回答了苏青的提问。

就这么一封晚辈向前辈求教的信件，最终给苏青带来牢狱之灾。那时候正是夏天，为了赶在秋凉时节排演《司马迁》，苏青埋头苦写剧本。天正热，家里也没有电风扇，她一手挥舞着芭蕉扇，一手提笔写作。半夜三更公安局敲开了她家的门，亮出逮捕证："跟我们走一趟吧？"苏青感到一桶井水从头浇下来。

苏青被关进了提篮桥监狱，拖拖拉拉弄到1957年，因为实在查不出多少大问题，只好将她释放，在群众监督下生活和工作。一遇到重大节日，她就被里弄积极分子叫去训话，亲戚朋友怕受到牵连，也都和她断了来往。这时候她的生活穷到极点，两个孩子尚未成年，她分文皆无，生活难以维持。芳华越剧团尹桂芳知道后，这个善良的老艺人再次向苏青伸出援助之手，排除一切干扰，重新接纳苏青来剧团，后来转到黄浦区文化馆，每月发给她十五元工资。三番五次抄家、批斗，接着工资一度停发。肺结核又缠上了她，不久，心脏病和糖尿病都来了，病病病，她的一身全是病。可这时候她没有任何收入，连走到医院的力气也没有，叫医生上门，两块钱的出诊费也付不起。插队到安徽的儿子李崇元回沪，三十八岁的他仍然没有结婚，靠摆地摊与母亲相依为命。每天早上将母亲的早餐和午餐准备好，然后出门摆摊，一直到很晚才回来做饭。苏青辞世的那一天李崇元记得很清楚，早上吃的是年糕汤，吃完后李崇元碗也没洗，照样早早出摊。到了下午，李崇元突然全身发抖，止也止不住，他特地提前回家，却见母亲苏青的头歪在一边。上前一摸，母亲当时身上还是热的，嘴角有血，靠门的一只眼睛睁着，估计是等待有人前来。

# 周佛海：极不安分的学生

胡兰成入狱，苏青带着张爱玲来周佛海家求情。两个拿笔杆子的小姐来为秀才说情，这事情本身就不靠谱。周佛海时任南京汪伪政权行政院院长，他不会把女作家放在眼里。但是他对女人与胡兰成一样，丝毫不缺少兴趣。在他眼里，女作家身份只是女人一件时髦的装饰品，他老婆杨淑慧也一样。那天他在家里接待两位女作家，与张爱玲有过一番很有趣的对话。

起因是周公馆博古架上那些古董，张爱玲上前东瞧西看，周佛海凑上来说："这是端砚，鱼脑冻和胭脂晕，端砚中最好的两种，都出自大西洞。张小姐是大作家，想必对文房四宝颇有研究。"张爱玲摇头发笑："我们这一辈用的都是派克钢笔。"周佛海点头说："是啊是啊，你们不再铺纸研墨了。"周太太杨淑慧和苏青从内室走出来，杨淑慧说："你这木渣渣的脑袋，也好

周佛海

跟人家才女攀谈?"周佛海说:"我看人家张小姐对砚台有兴趣。"张爱玲夹在中间有点难堪,解嘲说:"中国真是,连砚台的名字都叫得这样好,鱼脑冻,胭脂晕。古人的好,今人永远是追不上的。"苏青说:"所以你把老清装都穿上身啦,走到哪里都引人注目。"周佛海说:"小姐们穿穿是新鲜,我们要是穿上,那可就是搞复辟啦。"杨淑慧听到此把脸一沉:"三句话不离本行,我倒要问问你,胡兰成犯的是什么罪,要把他关起来?没事就把人家给放了。你们这些人,老虎打不动,苍蝇倒拍得勤。"周佛海坐着,低头喝茶,末了说:"也没什么大事,不过就是汪先生要找他谈谈。"周太太补了一句："不可能一谈就谈了一个月吧？"

杨淑慧与苏青交情不浅，也是为了展示她制服堂堂院长的本事，大家好像都在做戏。现在戏做完了，各自大眼瞪小眼。周佛海不肯马上答复，只是说再和汪先生商量商量，苏青与张爱玲只好告辞。

坐在回家的公交车上，苏青告诉张爱玲：别看这个周佛海在外面人五人六，在家里怕老婆怕得要命，偏偏花心得很，是上海著名红灯区会乐里长三堂子的常客，这件事上过小报。那里有个名妓叫真素心，与周佛海相好了大半年。闻听院长大人喜欢舞文弄墨，死活要他写副对联。周院长字不太行，但是文才不错，一挥而就写了副对联："妹妹真如味之素；哥哥就是你的心。"把"真素心"三字都嵌进去了，真素心一看开心死了，马上挂在房间里。一个大人物的对联挂在妓院里，一时在上海传为笑谈。时间一长，周佛海厌倦了真素心，又搭上了京剧坤角小伶红，两人一见倾心，立成好事。小伶红是个年仅二十的女孩子，任他摆布。周院长怕老婆，找了个地方将小伶红包养起来，只是常常过去幽会。时间一长，此事还是被杨淑慧得知，她大发淫威，叫了一帮人拎了七八只马桶来到金屋藏娇之地，将赤条条的一对男女堵在屋里，七八只马桶像七八个炸弹在屋子里"轰炸"，粪汁喷溅臭气熏天。堂堂行政院院长吓得屁都不敢放一个，灰溜溜地回到家，再不敢在外拈花惹草。

杨淑慧在周佛海面前如此霸道，背后其实有一段大小姐看上穷秀才的悲情故事：周佛海出身于湖南省沅陵县凉水井乡，其父病故，家境败落后仍一心读书，后考入沅陵县高等小学堂。因成绩出众得到校长赏识，筹资送他到日本留学，家中因此还卖了仅有的一块地。在家乡上学的时候，他便是一个"极不安分的学生"，并且雄心勃勃。留日期间曾参与组织旅日共产主义小组，1921 年回国参加中国共产党第一次全国代表大会。中央局书记陈独秀在广州未回上海前，一度由他代理总书记之职。当时与他在一起的便是杨淑慧，杨淑慧甚至还帮助他到处寻找会场。

　　杨淑慧和周佛海为湖南同乡，她与毛泽东的夫人杨开慧是远房亲戚。其父是上海总商会的主任秘书，在当时的上海滩颇有名气。杨淑慧从小受过良好教育，读过周佛海发表在《解放与改造》上的不少文章。当时周佛海刚从日本回国，一贫如洗，还没有工作。杨淑慧在《我与佛海》中回忆，他的"头发乱蓬蓬的，一套山东府绸装的白西装，背上已染上枯草般颜色，脏得不成样子"，"但在又脏又乱的衣服头发之外，却有一张英俊挺美的脸孔，神采奕奕，令人尚不发生恶感"。

　　其实杨淑慧不知道，周佛海在老家沅陵县有一房太太，但他将此事瞒得滴水不漏，杨家人都不知道。后来小报记者披露此事，杨淑慧的父亲气得跳脚骂娘，拿着报纸来找他算账。周佛海幸好不在，负责挡驾的是张国焘和刘仁静。杨淑慧被父亲关了起来，第二天跳窗逃出，跟着周佛海私奔到鹿儿岛。他们两口子在鹿儿岛没少受穷，周幼海也生在这里。患难之交让杨淑慧在周佛海面前占了上风，时不时在闺密苏青面前显摆她治理丈夫的本领。苏青以为带着当红女作家张爱玲来，通过杨淑慧向周佛海求情，胡兰成必定能顺利出狱。只是这杨淑慧虽然泼辣能干，处世圆滑，但是她与苏青、张爱玲到底是女流之辈，头发长、见识短。在周佛海面前替胡兰成求情，就等于在老猫面前求它放掉老鼠。她们不知道，胡兰成之所以入狱，正是周佛海发威的结果。

　　胡兰成虽然加盟汪精卫的伪政府，但宣传部的老大是林柏生，他只是次长。而且整个宣传部就是林柏生从《中华日报》《南华日报》带过来的班底，全都是林柏生的亲信。胡兰成本来就是他的老部下，又厚着脸皮跟他去了香港，无论从哪方面来说，他都不具备与林柏生抗衡的实力。所以名义上是宣传部次长，实际上是个虚职。看到林柏生在他面前肆无忌惮，胡兰成有时候也相当生气，觉得自己是个摆设，甚至连摆设都算不上，他自始至终的地盘就是《国民新闻》。有时候穷书生清高的骨气冒上来，他也会发发浑，什么人的账也不买。这时候周佛海的财政部与日本签订了一个经济协定，《国民新闻》随即发表了社论，谴责订立这一经济协定是丧权辱国，并且点出周佛海的名字。胡兰成心里有气，非得在老虎屁股上摸一把。社论是他请陶希圣的学生鞠清远写的，却与他的想法相合。他是《国民新闻》社长，经他签发，社论很快见报。

　　周佛海人在上海，看到社论后勃然大怒，第二天返回南京向汪精卫辞职。周佛海说："财政部是整个政府一部分，订立经济协定是无奈之举。胡兰成骂得句句有理，为顾全政府威信，我只有辞职。"周佛海明里辞职，暗中要挟，汪精卫为了安慰他，下令免去胡兰成宣传部次长一职。胡兰成此时人还在上海，林柏生写信给他说，汪先生因他是自己人才如此做，要他回南京当面向汪先生说明。胡兰成回信说不去，听之任之。仅过了四个月，他又被任命为行政院法制局局长，职务虽然比宣传部次长小，却实权在握。上任不久江苏省就呈上文件备案，要进行全省范围内土地和房产丈量登记，这是要先斩后奏。胡兰成批复道：此乃关系重大之事，未经核准，何得径请备案，着即不准，其擅自筹备就绪之机构及人事着即撤销。

其时江苏省主席是李士群，他既是警政部部长又是负实际责任的清乡委员会秘书长，随后又兼江苏省主席，正气焰嚣张之时。他偏不信邪，又第三次呈文上来，胡兰成仍是不准。李士群计算过，若照江苏省办法，全省有地有房者仅缴纳登记费一项，就要达四十余万两黄金。胡兰成这一招可把李士群气坏了，他跑到汪精卫那里告状。

由于得罪人太多，汪精卫一气之下将法制局撤销，再任胡兰成为全国经济委员会特派委员。这完全是一个空衔，除去开会根本无事可干。胡兰成感到自己与汪精卫虽然亲密同行，却渐行渐远，渐渐走到了他的对立面。这时他暗自吃惊，自己已不见容于汪政府。身不能容，政见也不能容，汪精卫抛弃了他，汪伪集团一班人也不待见他，他被排挤出局。被免职后胡兰成也上蹿下跳苦苦钻营，可到头来仍是竹篮打水一场空。但他万万没有想到，一场牢狱之灾在等着他，口口声声称他为"自己人"的老大，转眼之间凶相毕露面露杀机。

当时日本驻汪伪南京政府机构每星期六有个恳谈会，邀请他去听听。胡兰成正没事，就答应了。在恳谈会上他就中日关系及日本前途口无遮拦侃侃而谈，众人听得目瞪口呆。其间有个日本职员池田笃纪被胡兰成的讲话所吸引，散会时给了他一张名片，希望能在私下进行交流。胡兰成如获至宝，第二天即上池田家拜访。后来又从文章上寻找突破口，将汪精卫"和平运动"与太平天国作比，直指"和平运动"事与愿违，最终结果必然是日本帝国主义败亡，汪伪政府覆灭。若要挽救，除非日本如明治维新那样实行昭和维新，断然从中国撤兵，而中国则召开国民会议如孙中山当年，等等。这篇写了三天的长文完稿后他故意放在桌上，池田过来一眼就看到，认为分析得入情入理，便将其译成日文，送给了日本驻汪伪南京政府"大使"谷正之看。谷正之又将文章转到了东京，最后连前首相近卫、时任首相石原都看到，一致认为有理有据，发人深省。随后文章又辗转从日本传回国内，在驻华日军佐官中广为流传。池田兴冲冲跑来，报喜一般将文章流传情况告诉了胡兰成，最后又道及，谷正之将这篇文章也送给汪精卫看了。胡兰成知道大事不好，想到上海去避一避，可他又以为，自己现在无处可藏，孤家寡人一个，谁在此时愿意帮忙？池田或许是他最后的救命稻草。

那天晚上，胡兰成和池田散步结束，分手时他说："这一段我要每天来看你，我若去上海，必通知你。我若有一天不来看你，你就要来看我。"不管池田是否懂得其中含意，他话就说到此。池田不问详细，他也不说穿。果然不出所料，几天后林柏生出面，来信请胡兰成下午三点去他家。胡兰成心有预感，临走时特地向应英娣交代了一下。胡兰成如约来到林家，林柏生不在。这也是老套路，他等了一会儿就要起身回家，来了个大汉，将他带到上海路南京特工机关监押了起来。他事后得知，是汪精卫亲自下达的逮捕令。

　　男人之间的游戏女人永远弄不明白，张爱玲与周佛海本身又是一文一官，就是两股道上跑的车，永远也不可能有相交的轨道。周佛海后来被国民党判处死刑，又减为无期徒刑，因心脏病死于监狱。

# 胡兰成： 荒腔走板的宣传部次长

所有的缘因为文学，所有的缘因为那个叫胡兰成的情人。文学与情人就是酒精与魔咒，把张爱玲折磨得生不如死。缘因何而起？果又因何而结？这是一团剪不断、理还乱的麻丝。人生，就是一连串的偶然导致的必然，他们的姻缘或孽缘早在前世今生就已注定，个人的选择其实是命运的选择，命运之手冷漠无情地操纵着一个人的人生轨迹。

所有的缘起就在那个春天的午后，那天太阳很好，南京石婆婆巷胡家草坪上草色青青。胡兰成端着把椅子坐着喝茶，随手翻一册《天地》杂志，看到了张爱玲的小说《封锁》。胡兰成不是科班出身，算是自学成才，但他在广西五年遍读史书，文笔才情好生了得。他的文字让汪精卫叫好，遂招他过来成为文胆。他看张爱玲的《封锁》只看到一二节就坐直了身子，并且细细地把它读了一遍又读一遍。张爱玲的小说确实写得好，胡兰成从此心里就装下了她，如此天人一般的天才，他非得亲眼得见不可。

从南京回到上海，胡兰成一下车就直接去找苏青。苏青久历江湖阅人无数，对男人了如指掌，她曾经说过这样的话："没有男人是不好色的。"这话听起来好像是埋怨男人都是下流坏子，却不知上帝就是如此造就男人，天下众生才得以绵延不息。当然，天下也从此不能太平。张爱玲还是小姑娘，哪里敌得过情场老手？万一始乱终弃，岂不是害了自己的文友加闺密？苏青迟疑了。也许几经胡兰成缠磨，最后她还是没经张爱玲同意就把地址写给了胡兰成：静安寺路赫德路口一九二号公寓六楼六五室——这是苏青的爽快与豪放，一个清秀玲珑的美人胎，却长了一颗粗剌剌的男人心，苏青的表里不一却又表里如一。胡兰成得到了张爱玲的地址就如同得到一个宝贝，马上屁颠屁颠跑到爱丁顿公寓。他想下钩钓鱼，而鱼儿也正想着上钩，一拍即合、就汤下面立马成其好事。张爱玲的为人一向高冷，得到胡兰成的便条就主动跑到他家。胡兰成调情上瘾，送她出门就说："你怎么这样高呢？这怎么可以？"这是含蓄的挑逗，或者说是文艺式的勾引。以老男人对文艺女青年的把握，张爱玲果然自投罗网。胡兰成提到《天地》上刊登的那张照片，张爱玲马上取出来给他，还在背后写了字："见了他，她变得很低很低，低到尘埃里，但她心里是欢喜的，从尘埃里开出花来。"

这样写哪里是被动上钩，简直是主动引诱。这时候她已经去过胡兰成家，没听说过小白云情有可原，碰巧没遇着神神道道的全慧文也可以理解。但是那一屋子小萝卜头式的小孩子，她就一个也没见着吗？既知道他是已婚有家有室的男人，你仍然与他眉飞色舞眉目传情，你是什么意思？其实从内心里来说，胡兰成不喜欢张爱玲这样的女人，她漂亮不及应英娣、周训德，温柔不及唐玉凤、范秀美，她就是披着女作家一身华丽外衣，就这一点让胡兰成高看一眼。胡兰成说过，他一见到张爱玲的人，只觉与自己所想的全不对。她进来客厅里，似乎她的人太大，坐在那里，又幼稚可怜相。待说她是个女学生，又连女学生的成熟亦没有。她又像十七八岁正在成长中，身体与衣裳彼此叛逆。她的神情，是小女孩放学回家，路上一人独行，肚子在想什么心事，遇见小同学叫她，她亦不理，她脸上的那种正经样子。

凭良心说，胡兰成其实不喜欢张爱玲，但是他惊羡她的才情。他也和她调情，那是混迹江湖的老男人的本性与习惯，他自己并不当真。但是张爱玲一开始就喜欢上他，一开始就主动，两人天上地下说得花好稻好。

后来在《小团圆》里，张爱玲还原了这一幕：

"九莉到他上海的住宅去看过一次，见到秀男，俏丽白净的方圆脸，微鬈的长头发披在肩上，穿着件二蓝布罩袍，看上去至多二十几岁。那位闻先生刚巧也在，有点窘似的偏着身子鞠了一躬，穿着西装，三十几岁，脸上有点麻麻癫癫的，实在配不上她。

"'她爱她叔叔,'九莉心里想。

"他讲他给一个朋友信上说:'我跟盛九莉小姐,恋爱了。'顿了顿,末了有点抗声说。

"她没说什么,心里却十分高兴。她也恨不得要人知道。而且,这是宣传。

"她的腿倒不瘦,袜子上端露出的一块更白腻。

"他抚摸着这块腿。'这样好的人,可以让我这样亲近。'

"微风中棕榈叶的手指。沙滩上的潮水,一道蜿蜒的白线往上爬,又往后退,几乎是静止的。她要它永远继续下去,让她在这金色的永生里再沉浸一会。

"有一天又是这样坐在他身上,忽然有什么东西在座下鞭打她。她无法相信——狮子老虎掸苍蝇的尾巴,包着绒布的警棍。看过的两本淫书上也没有,而且一时也联系不起来。应当立刻

胡兰成

笑着跳起来，不予理会。但是还没想到这一着，已经不打了。她也没马上从他膝盖上溜下来，那太明显。"

这时候张爱玲去看苏青，苏青提醒她说："现在外面都说你跟他非常接近。"苏青拿出几张小报给张爱玲看，张爱玲并不在意，她根本就不看这种小报。可能小报上经常骂苏青，苏青家里乱丢着这种小报。张爱玲就是这样爱上他，莫名其妙也不可救药，反正就是爱上了他。他从她这里离开，她会把一烟灰盘的烟蒂都保留下来，装在一只信封里。后来有一天他离开时，她把抽屉打开，把装满了烟蒂的信封给他看。他笑了，他吃定她不会拒绝他。她也真的就不会拒绝他，在他面前，她很低很低，一直低到尘埃里。后来她在文章中说出这样的话：权势是春药，到女人心里的路通过阴道。

胡兰成妙笔生花，赞美起张爱玲就是锦上添花花开万千。他曾经写过一封信给张爱玲的密友炎樱："爱玲是美貌佳人红灯坐，而你如映在她窗纸上的梅花，我今惟托梅花以陈辞。佛经里有阿修罗，采四天下花，于海酿酒不成。我有时亦如此惊怅自失。又《聊斋》里香玉泫然曰：'妾昔花之神，故凝，今是花之魂，故虚，君日以一杯水溉其根株，妾当得活，明年此时报君恩。'年来我变得不像往常，亦惟冀爱玲日以一杯溉其根株耳，然又如何可言耶？"炎樱没理他，张爱玲也没有理他，他怅然若失。

胡兰成赞美张爱玲从来不惜笔墨，"爱玲极艳，她却又壮阔，寻常都有石破天惊"，还说张爱玲是民国世界的临水照花人。

　　1945 年 8 月 15 日，日本天皇颁布投降诏书。胡兰成在大街上听到，惊吓出一身冷汗。他曾经说过：把未成年人来派政治的用场，当然亦与暴殄天物是一样。这句话是至理名言，即便他是一个成年人，但是用来派上政治用场，一样是暴殄天物的行为。官衙深似海，沉没下去不会有回头之路。

　　就在日本天皇颁布投降诏书的第二天，胡兰成把天皇诏书和蒋介石的讲话都刊登出来，接着去日本人那里察看动静。日本承认失败，胡兰成却心犹不甘，他要的只是个人的官运亨通和飞黄腾达，他不能忍受失败——人生失败遭受唾弃的滋味他已经尝够，他不能就这样束手待毙。他也曾一番挣扎努力，图的就是有朝一日能东山再起，成为一代枭雄。可是他的人生格局说到底只是一介书生，是秀才。秀才遇见兵，有理说不清，秀才人情纸半张，秀才造反十年不成——他手中自始至终只有一支笔，连重庆接收大员都看不上。到这时他才知道事情不妙，退路已被封堵，只有出逃。他的出走是在武汉被接收后的第三天，过汉水时，面对滔滔江水他仰天长叹一声，将随身携带的一支手枪抽出，悄悄沉进滚滚江流。

　　张爱玲始终是文艺的，即便去乡下看望胡兰成，她也能想象出古往今来那些千里送寒衣、万里寻我夫的爱情传说。真真假假就犯不着去验证，把这些传奇传说贴到自己身上，再难堪艰窘的穷途末路，在她看来也是"在黑夜里奔向月亮"。而目的地温州此刻在她眼里，是"含着珠宝在放光"。

　　胡兰成的态度此时与她截然相反，在温州小旅馆里一见她，他就怒气冲冲地说："谁让你来的？你跑到温州来做什么？还不快回去——回去，马上回上海去！"

　　张爱玲低下头一言不发，像犯了错的小姑娘。胡兰成拍打着桌子说："这个时候，这样的地方，是你能来的吗？你还从上海追到诸暨，又从诸暨追到温州，你这不是害我吗？"

　　张爱玲听得心酸，往床上一倒。她本来就瘦，印花棉被盖在她身上，仿佛被子下面没有人，是空的。胡兰成看了半天，也睡下来，两个人四目相对，张爱玲的一张脸好大，像大朵的牡丹花开得满满的。窗外是一处小公园，一头牛突然叫起来，张爱玲从没听过牛叫，但她一听就知道是牛。牛一声不等一声叫起来，张爱玲想忍也没有忍住，只好笑起来。胡兰成也没有办法，叹息了一声："牛叫好听。"张爱玲坐起来说："牛叫好听，马叫也好听，马叫像风。"胡兰成说："你跑到温州就为了听马叫牛叫？"张爱玲看着他的脸色，知道她来看他他心里还是高兴的，就不把他的态度放在心上。停了停，她说："我从诸暨丽水来，路上想着这里是你走过的，及在船上，望得见温州城了，想你就在那里，这温州城就像含着珠宝在放光。"

　　胡兰成听了却不答话，只是翻着眼睛看了张爱玲一眼，将手插到衣服里，掏摸着自己的肚子，然后依在床上与她有一句没一句地说着。其实从心理上，他早已经疏离了张爱玲。

　　张爱玲心生惆怅，就有了随后的逼婚。胡兰成远兜近转只是为了婉拒张爱玲，这时候他们的感情差不多到了尽头。但是张爱玲仍然仁至义尽，在青芸带着范秀美找上门来借钱看病的时候，她果断当掉手镯。这样的豪举并不表示她仍然爱着胡兰成，不过是计划拒绝胡兰成之后所需要的一点心理安慰。每一个人都会在潜意识里认定自己是个善良的人，张爱玲也是。她后来寄出《太太万岁》电影剧本三十万元稿费给胡兰成，即是如此。从骨子里说，她绝不可能接受一个一文不名的潦倒文人。她与胡兰成所谓的倾城之恋，正好就是胡兰成在官场当红那一段时间。所以在后来，我们就看到她寄给胡兰成的那封分手信："我已经不喜欢你了。你是早已不喜欢我了的。这次的决心，我是经过一年半的长时间考虑的，彼时唯以小吉故，不欲增加你的困难。你不要来寻我，即或写信来，我亦是不看的了。"

　　胡兰成后来说，六月十日来了张爱玲的信，他拆开才看得第一句，即刻"好像青天白日里一声响亮"。什么响亮？应该是一声震耳欲聋的炸雷吧！

# 潘柳黛： 爱出风头的小姐作家

张爱玲时代上海滩涌现出一大批"小姐作家"，最出名的有四位：张爱玲、苏青、潘柳黛、关露。针对上海滩"小姐作家"现象，新中国报社在 1944 年春天召开了一次女作家座谈会，上海当时小有名气的女作家都参加了。除了报上经常吹捧的四大才女之外，像汪丽玲、吴婴之、蓝业珍等也都在邀请之列。座谈会的发起人谭正璧，正是《中国女性文学史》的作者。会议地点就在新中国报社那幢老洋房的门前，台阶上散落着十几把藤椅，正是初春，院子里树木正在萌发新叶，大家沐浴在初春的阳光中，吃着瓜子和花生，喝着茶，随意地谈着文学与人生。在"女作家论女作家"环节，主持人问苏青正在读哪一位女作家的作品，苏青说，女作家的作品我从来不大看，我只看张爱玲的文章。主持人马上请张爱玲发表意见，张爱玲搪塞说，我的毛病是思想太慢，等到听好想说，会已经散了。众人一阵哄笑，主持人说，从文章中看，张小姐是很敏感的。因为张爱玲当时太红，主持人一再请张爱玲发表意见，张爱玲见再躲不过去，只好慢腾腾地说，近代的最喜欢苏青……她的特点是"伟大的单纯"。

张爱玲与苏青互相抬轿子，让在场的女作家看不下去。潘柳黛素来与张爱玲、苏青说不到一块儿去。苏青是毒舌，一张嘴够损的，潘柳黛有点胖，苏青有一次见着她说："你腰既不柳，眉也不黛，怎么取了潘柳黛这样的名啊？"潘柳黛一时哭笑不得。其实在当年小姐作家群中，潘柳黛是非常出色的一位，她生于北京旗人家庭，受过良好的教育，十八岁只身来南京报馆求职，由于才华出众，很快从誊稿员做到了记者。因为时常到上海采访，上海的摩登与繁华吸引了她，她立马辞职来到上海，以南宫夫人之名发表了一系列散文小说，受到文坛注目，随后在《华文大阪每日》《文友》杂志供职，很是风光。但是一夜之间，张爱玲如同明月高悬，令潘柳黛黯然失色，这让她非常气恼。她是矛盾的，自然也想结识张爱玲。在苏青撮合下，她们一同来看望张爱玲，张爱玲也在家中盛装接待潘柳黛。

那天张爱玲盛装打扮，穿着一件柠檬黄袒胸露臂的晚礼服，手镯项链，满头珠翠，浑身香气袭人。潘柳黛一愣："你是不是要马上上街？"张爱玲说："不是上街，是等朋友到家里来吃茶。"当时苏青与潘柳黛衣着随便，相形之下觉得很窘，怕她有什么重要客人要来，以为她们在场也许不太方便，就交换了一

风情万种的潘柳黛

下眼色，非常识相地说："既然你有朋友要来，我们就走了，改日再来也是一样。"张爱玲却慢条斯理地说："我的朋友已经来了，就是你们两人呀！"潘柳黛这才知道原来她的盛装正是为了接待她们，一时感到更加窘迫，好像自己是一点礼貌也不懂的野蛮人一样。

潘柳黛对张爱玲为人处世的做派难以接受，比方说如果张爱玲和你约定见面时间是下午三点，不巧你时间没有把握准确，两点三刻就到了她家。那么即使她来为你应门，还是会把脸一板，对你说："张爱玲小姐现在不会客。"然后把门关上，就请你暂时尝一尝闭门羹的滋味。万一你迟到了，三点一刻才到，那她更会振振有词地告诉你："张爱玲小姐已经出去了。"潘柳黛把这些似真似假的传闻都写在文章里，后来嘲讽张爱玲："她的时间观念，是比飞机开航还要准确的。不能早一点，也不能晚一点，早晚都不会被她通融。所以虽然她是中国人，却已经养成了标准的外国人脾气。"

张爱玲当时一红惊天，喜欢奇装炫人，围绕着她的风言风语特别多。她并不在意，依旧我行我素。每次出现，仍然是"衣不惊人死不休"。那次出席《传奇》集评茶会，后来新中国报社特地对她的衣着作了一番描写："张爱玲女士穿着橙黄色绸底上套，像《传奇》封面那样蓝颜色的裙子，头发在鬓上卷了一圈，其他便长长地披下来，戴着淡黄色玳瑁边的眼镜，搽着口红，风度是沉静而庄重。"随后的朝鲜舞蹈家崔承喜与上海女作家座谈，张爱玲也应邀出席，她姗姗来迟，衣服更充满了古典色彩感，关露小姐穿的是淡黄色旗袍，潘柳黛则是一件孔雀蓝颜色的衣服，她处处想与张爱玲别苗头。

张爱玲红得太醒目，又很招摇，让很多女作家不舒服，当然也让曾经很红的潘柳黛不舒服。后来潘柳黛写了篇《论胡兰成论张爱玲》，说张爱玲是李鸿章的重外孙女，这关系就好像太平洋里淹死一只老母鸡，上海人吃黄浦江的自来水，他自说自话是"喝鸡汤"的距离一样，八竿子打不着一点亲戚关系。如果以之证明身世，根本没有什么道理。但如果以之当生意眼，便不妨标榜一番。而且以上海人脑筋之灵，行见不久将来，"贵族"二字，必可不胫而走，连餐馆里都不免会有贵族豆腐、贵族排骨面之类出现。正巧陈蝶衣主持的大中华咖啡馆改卖上海点心，真以潘柳黛女士笔下的贵族排骨面上市贴出海报。

潘柳黛还曾说："当时张爱玲以这点'贵族仙气儿'来标榜她的出身，许多人虽不以为然，但念她'年幼无知'，也还没怎么样。最可笑的却是当时文坛上有一个大名鼎鼎，颇受汪精卫赏识的作家胡兰成，本来一向是专写政治论文的，但由于他赏识了张爱玲的文章，便因而赏识了张爱玲，并且托'仙风道骨'的邵洵美介绍相识，惊为天人，所以不惜挥其如椽之笔，写了一篇《论张爱玲》。文中除了把张爱玲的文章形容成'横看成岭侧成峰'外，更把她的身染'贵族血液'也大大的吹嘘了一番。"

嫉妒是女人的天性，而张爱玲也实在太招人妒恨，居然处处都比她强——文章比她好，当然这个她并不承认；身世比她尊贵，这个却着实惹恼了她；更关键的是，交往的男人也比她认识的那些阿猫阿狗有名气，可以想见潘柳黛的纠结。

据说潘柳黛的文章发表后，引发很大争议，有人打电话到报社，对她进行谩骂。对方说："你是潘柳黛女士吗？"潘柳黛说："是呀。"对方说："你是不是潘金莲的潘呀？"潘柳黛说："不错，我是潘金莲的潘，我知道你姓王，王八蛋的王！"然后用力把电话一挂。

多年以后，潘柳黛仍然旧事难忘，在《记张爱玲》中说："张爱玲到香港来，好像是四年前春天的事。她来之后，几个相熟的朋友看见我时，都把她来的事告诉我，并且问我跟她碰见过没有？当时，我住在九龙，没有事情很少出门，而听说张爱玲是住在香港半山的一家女子宿舍，如果不是她特意来看我，或是我特意去看她，我知道我们是很少机会能够在那儿遇见的。尤其张爱玲的脾气，在这几个人当中，比较是有点怪的。她不像丁芝那么念旧，也不像张宛青那么通俗，更不像苏青的人情味那么浓厚，说她像关露，但她却比关露更矜持，更孤芳自赏。关露还肯手捧鲜花，将花比人，希望能够表现得相得益彰。张爱玲的自标高格，不要说鲜花，就是清风明月，她觉得好像也不足以陪衬她似的。"

潘柳黛仍然在挖苦张爱玲，但是在张爱玲眼里根本就没有潘柳黛这个人。有人来见她，对她说："潘柳黛也在香港。"张爱玲抬头说："潘柳黛是谁啊？我不认识这个人。"

# 傅雷：贫穷而古怪的"音乐教授"

张爱玲在晚年给她的朋友宋淇写信："决定不收《殷宝滟送花楼会》进新小说集……《殷宝滟送花楼会》写得实在太坏，这篇是写傅雷。他的女朋友当真听了我的话，到内地去，嫁了空军，很快就离婚，我听见了非常懊悔。"后来在书中还说："我为了写那么篇东西，破坏了两个人一辈子唯一的爱情……'是我错'，像那出流行的申曲剧名。"宋淇之子、张爱玲遗产继承人宋以朗后来在《宋家客厅：从钱锺书到张爱玲》中证实：《殷宝滟送花楼会》那个神经质的音乐教授，就是傅雷。

《殷宝滟送花楼会》是张爱玲一篇并不出名的小说，以第一人称写法，叙述了我——一个名叫"爱玲"的作家，日日闲居在家。突然有一天，一个从不来往的同学抱着花来访，然后百无聊赖地谈她的所谓爱情。表面是聊天，实际是炫耀，把张爱玲这个作家当成她最好的听众，然后炫耀一份她与一位音乐教授的伟大爱情。

　　张爱玲刻薄地描绘了这位校花的无聊与空虚，以及与她相爱的那个古里古怪并且十分贫穷的音乐教授："有一天她给他们带了螃蟹来，亲自下厨房帮着他太太做了。晚饭的时候他喝了酒，吃了螃蟹之后又喝了姜汤。单她跟他一起，他突然凑近前来，发出桂花糖的气味。她虽没喝酒，也有点醉了，变得很小，很服从。她在他的两只手里缩得没有了，双肩并在一起，他抓住她的肩的两只手仿佛也合拢在一起了。他吻了她——只一下子工夫。冰凉的眼镜片压在她脸上，她心里非常清楚，这清楚使她感到羞耻。耳朵里只听见'轰！轰！轰！'酒醉的大声，同时又是静悄悄，整个的房屋，隔壁房间里一点声音也没有，她准备着如果有人推门，立刻把他挣脱，然而没有。……有一天黄昏时候，仆人风急火急把宝滟请了去。潜之将一只墨水瓶砸到墙上，蓝水淋漓一大块渍子，他太太也跟着跌到墙上去。老妈子上前去搀，口中数落道：'我们先生也真是！太太有了三个月的肚子了——三个月了哩！'宝滟呆了一呆，狠命抓住了潜之把他往一边推，沙着喉咙责问：'你怎么能够——你怎么能够——'眼泪继续流下来。……'他有肺病，看样子不久要死了。'她凄清地微笑着，原谅了他。'呵，爱玲，到现在，他吃饭的时候还要把我的一副碗筷摆在桌上，只当我在那里，而且总归要烧两样我喜欢吃的菜，爱玲，你替我想想，我应当怎么样呢？'……'不过你不知道，他就是离了婚，他那样有神经病

年轻时的傅雷和夫人朱梅馥

的人，怎么能同他结婚呢？'"

在这里，张爱玲一如既往地发挥了她纪实小说的特长，活灵活现地再现了一个受情欲折磨，古怪而又胆怯的穷教授形象，更重要的是他还有"神经病"。她着实在小说中报复了傅雷，这一点也得到了傅雷儿子的证实。傅敏后来在记者面前承认，他父亲与一位叫成家榴的美丽女子相爱过，她是个非常出色的女高音："只要她（成家榴）不在身边，父亲就几乎没法工作。每到这时，母亲就打电话跟她说，你快来吧，老傅不行了，没有你他没法工作。时间一长，母亲的善良伟大和宽宏大量感动了成，成后来主动离开父亲去了香港，成了家，也有了孩子。"

张爱玲在给宋淇的信里说，殷宝滟就是成家榴，她们曾经是同学。在这篇小说里，张爱玲没有做任何技术处理，只要对海上文坛稍稍了解，就可以一眼看出，这篇小说就是影射傅雷。张爱玲几乎不加掩饰地伤害傅雷，就是源于他们之间刚刚发生的一场笔墨官司。

1944 年 5 月，《万象》杂志上发表了一篇署名迅雨的文章《论张爱玲的小说》，开篇即说："张爱玲女士的作品给予读者的第一个印象，便有这情形。'这太突兀了，太像奇迹了'，除了这类不着边际的话以外，读者从没切实表示过意见。也许真是过于意外而怔住了。也许人总是胆怯的动物，在明确的舆论未成立以前，明哲的办法是含糊一下再说。但舆论还得大众去培植；而且文艺的长成，急需社会的批评，而非谨虑的或冷淡的缄默。是非好恶，不妨直说。说错了看错了，自有人指正——无所谓尊严问题。"

文章分析了张爱玲一系列小说，赞美《金锁记》是"我们文坛最美的收获之一"。在最后他不无遗憾地对张爱玲提出了批评："聪明机智成了习气，也是一块绊脚石。王尔德派的人生观，和东方式的'人生朝露'的腔调混合起来，是没有前程的。它只能使心灵从洒脱而空虚而枯涸，使作者离开艺术，离开人，埋葬在沙龙里。

"我不责备作者的题材只限于男女问题，但除了男女以外，世界究竟还辽阔得很。人类的情欲也不仅仅限于一二种。假如作者的视线改换一下角度的话，也许会摆脱那种淡漠的贫血的感伤情调；或者痛快成为一个彻底的悲观主义者，把人生剥出一个血淋淋的面目来。我不是鼓励悲观。但心灵的窗子不会嫌开得太多，因为可以免除单调与闭塞。

"总而言之，才华最爱出卖人！像张女士般有多面的修养而能充分运用的作家（绘画、音乐、历史的运用，使她的文体特别富丽动人），单从《金锁记》到《封锁》，不过如一杯兑过几次开水的龙井，味道淡了些。即使如此，也嫌太奢侈，太浪费了。但若取悦大众（或只是取悦自己来满足技巧欲——因为作者可能谦抑地说：我不过写着玩儿的）到写日报连载小说（feuilleton）的所谓fiction的地步，那样的倒车开下去，老实说，有些不堪设想。"

如果说到此为止，张爱玲可能仍然可以接受，最后一句话实实在在把她给激怒了："一位旅华数十年的外侨和我闲谈时说起：'奇迹在中国不算稀奇，可是都没有好收场。'但愿这两句话永远扯不到张爱玲女士身上！"

半个月后，张爱玲就写了一篇《自己的文章》给予还击，许多段落就是冲着迅雨来的："强调人生飞扬的一面，多少有点超人的气质。超人是生在一个时代里的。而人生安稳的一面则有着永恒的意味，虽然这种安稳常是不安全的，而且每隔多少时候就要破坏一次，但仍然是永恒的。它存在于一切时代。它是人的神性，也可以说是妇人性。文学史上素朴地歌咏人生的安稳的作品很少，倒是强调人生的飞扬的作品多，但好的作品，还是在于它是以人生的安稳做底子来描写人生的飞扬。没有这底子，飞扬只能是浮沫，许多强有力的作品只予人以兴奋，不能予人以启示，就是失败在不知道把握这底子。"

　　那时候她应该不知道这个署名"迅雨"的作者就是傅雷，因为《自己的文章》的发表，距傅雷的《论张爱玲的小说》面世不过才半个月，柯灵作为《万象》杂志的编辑当然知道，但是他不会将杂志内部秘密向当时刚刚成名的张爱玲公布。据宋以朗回忆，张爱玲当时并不知道这个迅雨就是傅雷，甚至在她写《殷宝滟送花楼会》时也不知道。宋以朗在《宋家客厅：从钱锺书到张爱玲》一书说："'迅雨'是谁？当时引起热烈的讨论。我父亲 1976 年在《私语张爱玲》中写道：'唐文标说不知作者是谁，怀疑会不会是李健吾。按李健吾写文学批评的文章一向用刘西渭为笔名，他的《咀华二集》出版于一九四二年……至于怎么会怀疑是李健吾呢？大抵因为迅雨的文章中引用法国作家较多。其实这篇文章写得非常谨严，不像李健吾的文笔那样散漫噜苏，明眼人都看得出来。那么迅雨究竟是谁？原来是战前即从事翻译《约翰·克利斯朵夫》和巴尔扎克小说的傅雷。那时的文化工作者多数不愿写文章，即使发表，也用笔名，而且不愿别人知道。单看名字，'迅雨'和'雷'二者之间倒不能说没有蛛丝马迹可寻。爱玲当初也不知道作者是谁，还是南来后我告诉她的。'接着，父亲写了张爱玲的反应：'她听后的反应是惊讶，但也并没有当作一回大事……'"

　　如果张爱玲真的不知道迅雨就是傅雷，那么随后创作的影射傅雷的《殷宝滟送花楼会》实在奇怪，也许她故意在宋淇面前伪装不知道，这也说不定。事隔这么多年，她"并没有当作一回大事"当然很正常。但是以此断定她时至今天才得知迅雨是傅雷，好像并不可信。当时上海小报已经把这个内幕公开：一份叫《光化日报》的报纸上，发表过一篇《小报上的女作者》，说《万象》曾提拔了几位女作家，其中有几位，平心而论，她们只是文章的学作者，暂时还不能称作"女作家"的。张爱玲出道得迟，可是都红过她们，著名的翻译家傅雷先生曾在《万象》上写过一篇评论，格外叫人侧目。也许张爱玲没有看过这份小报，但是上海滩再大也就是一个城，《光化日报》再小也是一份报，天天出版发行，这个被踢爆的"内幕"，难道就无人口口相传，再传到张爱玲耳朵？傅雷的《论张爱玲的小说》是1944年5月发表，半个月后张爱玲发表《自己的文章》还击。到了这一年的11月，出卖傅雷隐私的小说《殷宝滟送花楼会》发表，时间节点全对得上号，说张爱玲不知道迅雨是傅雷，恐怕只有天晓得。

　　傅雷一生眼界甚高，绝大部分作家他都瞧不上，而且他主业是翻译，也极少写文学评论。偶然写了一篇，也许是出于对张爱玲的狂喜，却引出一桩文坛公案，把两个毫不相干的作家扯到一起，一直到今天仍然纠缠不清。张爱玲与傅雷确实不在一个频道上，傅雷身上有很多左的东西，这是当时一个严肃作家无法剔除的本质。他在《论张爱玲的小说》中说："譬如，斗争是我们最感兴趣的题材。对，人生一切都是斗争。但第一是斗争的范围，过去并没包括全部人生。作家的对象，多半是外界的敌人：宗法社会、旧礼教、资本主义……可是人类最大的

傅雷上海故居，其实是宋淇的家产

悲剧往往是内在的。外来的苦难，至少有客观的原因可得而诅咒，反抗，攻击；且还有赚取同情的机会。至于个人在情欲主宰之下所招致的祸害，非但失去了泄仇的目标，且更遭到'自作自受'一类的谴责。第二是斗争的表现。人的活动脱不了情欲的因素；斗争是活动的尖端，更其是情欲的舞台。去掉了情欲，斗争便失掉活力。情欲而无深刻的勾勒，便失掉它的活力，同时把作品变成了空的躯壳。在此我并没意思铸造什么尺度，也不想清算过去的文坛；只是把以往的主要缺陷回顾一下，瞧瞧我们的新作家把它们填补了多少。"

开口闭口就是斗争，让张爱玲十分反感："斗争是动人的，因为它是强大的，而同时是酸楚的。斗争者失去了人生的和谐，寻求着新的和谐。倘使为斗争而斗争，便缺少回味，写了出来也不能成为好的作品。"

这两个完全不同频道的人，却都与一对伉俪是朋友：宋淇、邝文美。据宋以朗回忆，傅雷与宋家是邻居，更是挚友。钱锺书的夫人杨绛在《忆傅雷》中说："抗战末期，胜利前夕，钱锺书和我在宋淇先生家初次会见傅雷和朱梅馥夫妇。"那时候宋家在上海有很多物业，江苏路上的安定坊整个就是他家的，傅雷后来就搬过来，住在 3 号。一直到兵荒马乱的 1948 年，傅雷鬼使神差竟然放下笔跑到昆明开办了一家进出口公司。第二年 5月，宋淇一家来到香港。不久，进出口公司开不下去，傅雷一家也来到香港。他们没有住在宋淇家，而是住到炮台山，一住就住了半年。不少朋友劝傅雷就留在香港，但是傅雷坚决要离开香港北上。他搭船来到天津，然后转道北京，看望了钱锺书。
当时吴晗有意请他去清华大学教法文，请钱锺书当说客。可是
傅雷无意教书，也不想再当老师，就回到了上海，决定仍然从
事自己的老本行：文学翻译。

在上海的傅雷就住进了宋淇的家，当时宋家老太爷仍然住
在安定坊。宋淇想，反正房子空着也是空着，就邀请傅雷住进
去，一直住到"文化大革命"。傅雷是喜欢搞阶级斗争的，他在
《论张爱玲的小说》中说："斗争是我们最感兴趣的题材。"但是
在那阶级斗争"年年讲、月月讲、天天讲"的日子里，他最终
就是被斗争斗死，后来发生的一幕全国的文化人都心知肚明：
1966 年 9 月 3 日凌晨，在红卫兵两天三夜不间断的抄家和凌辱
后，时年五十八岁的翻译家傅雷和夫人朱梅馥，一个刚烈桀骜，
一个锦心绣口，在恩恩爱爱度过了三十四年之后，最终上吊自
杀。为防止踢倒凳子的声音吵醒邻居，他们事先在地上铺了一
床棉被。在遗书上，他特地标明："楼上宋家借用之家具，由陈
叔陶按单收回。"他想在离开人世时，将在人世所有的事情交割
得清清白白，就如同他清清白白的一生。但是他做梦也没有想
到，今天的傅雷故居，占用的正是宋家房产。

# 邵洵美： 我还是你的表叔

　　按着李鸿章家的辈分，张爱玲应该称海上著名文人邵洵美
为表叔，这一点也得到邵洵美的证实。这让我想到著名的样板
戏《红灯记》中，李铁梅有一句著名的唱词："我家的表叔数不
清，没有大事不登门。"除去张爱玲继母孙用蕃这条线不算，张
爱玲母亲娘家黄家与邵家好像也有扯不清的亲戚关系。少年时
她随着母亲与姑姑去看跳舞，远远地见过邵洵美一面。母亲不
让她走近，对她说："那个人好像是我们家亲戚。"但是与胡兰
成恋爱后，张爱玲倒确实到邵洵美家去过一趟，《今生今世》里
有明确记载，应酬场面上，只一次同去过邵洵美家里。

　　在后来轰动一时的小说《小团圆》中，张爱玲还原了这一
幕，当然用的不是邵洵美的本名，而是化名：向璟。那时候两
个人正处于热恋之中，有一天坐在沙发上说闲话，邵之雍忽然

对九莉说，向璟很想见见你。从邵之雍的口气上看，他似乎很早就和向璟交往。不过以胡兰成当时到处结交的心态来看，他进入邵洵美的交际圈相当容易。《小团圆》中邵之雍就这样说过："向璟这人还不错，他对我也很了解，说我这样手无寸金的人，还能有点作为，不容易。他说他不行了。"

当时在上海漂泊的文化人，从胡适到夏衍，谁没有得到过邵洵美的资助？从某一个角度来说，海派文化中心，其实就是在邵家客厅，在邵洵美的书房，这话说出来其实一点也不过分。胡兰成虽然并无扛鼎之作，但就凭他是汪精卫的宣传部次长这一点，他在当时海上文坛仍然算得上一个举足轻重的人物。那天他们去参加的应该是晚上的沙龙，邵之雍在家吃了晚饭，骑着他儿子很小的脚踏车从美丽园出发来到爱丁顿公寓叫九莉。九莉下楼看到他那么大的一个成年人，骑着儿子小小的脚踏车，显得十分滑稽。邵之雍却并不介意，就如同饭后消食那样骑得飞快。但是这么小的车要是再捎上九莉那是没办法做得到的，九莉不会也不可能坐上邵之雍自行车后座，弄得像一对谈恋爱的小青年，她的心里绝对接受不了。邵之雍只好给九莉叫了一辆黄包车。

那是一个清冷的冬天的夜晚，用张爱玲的话来形容，就是"冷得十分舒服"。他们就在这个冷得十分舒服的冬夜向着向璟家所在的斜桥花园出发。路相当远，九莉坐在黄包车上，能明显感到车夫在喘气，她不时地掀起车帘看一看，邵之雍骑着车像玩杂技似的紧追不舍。花了很长的时间总算到了向璟家花园

邵洵美

洋房。张爱玲描写道："方块乌木壁的大客厅里许多人，是个没酒喝的鸡尾酒会。"张爱玲一向是衣不惊人死不休，更何况出席的是海上名流邵洵美的鸡尾酒会，她自然不会马虎。这一点在《小团圆》中有细致的描写："九莉戴着淡黄边眼镜，鲜荔枝一样半透明的清水脸，只搽着桃红唇膏，半鬈的头发蛛丝一样细而不黑，无力的堆在肩上，穿着件喇叭袖孔雀蓝宁绸棉袍……"

张爱玲走到哪儿都是众人注目的焦点，就是在邵洵美家也不会例外，否则的话张爱玲就不是张爱玲了。唯一改变的也就是九莉这个名字而已，不变的是她这个人。她自从进入邵家鸡尾酒会那一刻，就成为众人议论的焦点。在片刻安静之后，所有的目光全落在她身上。向璟知道是九莉来了，丢下身边一干文人作家，丢下他的太太、海上著名的盛家小姐盛佩玉和他那个传奇式的美国女作家项美丽，来到九莉面前。张爱玲在《小团圆》中给自己取名盛九莉，这个"盛"字可能就是来自盛佩玉吧。就如同她给胡兰成取名邵之雍，这个"邵"字肯定就是来自邵洵美。向璟微笑着站在九莉面前，仿佛做证似的对她说："其实我还是你的表叔！"张爱玲应该就是称邵洵美为表叔，向璟特地向她证明了这一点，由不得九莉不信。但是要想让表侄女张爱玲开口叫他表叔，这肯定是不可能的事。她的眼里似乎没有亲戚、朋友这些概念，不过她对向璟倒是很佩服，说他"仍旧是个美男子，希腊风的侧影……他早已不写东西了，现在当然更有理由韬光养晦"。

即使韬光养晦，邵洵美也是海上文坛的一个中心。他办过多少杂志？不知道。他帮助过多少文人作家？不知道。仅仅从1928年到1950年，他几乎将全部的精力投入到出版事业中，也将千万家产毫不吝啬地投入进去。他先后经营过金屋书店、第一出版社、上海时代图书公司，办过《狮吼》《金屋》《新月》《时代画报》《时代漫画》《时代电影》《诗刊》《文学时代》《万象》《论语》《十日谈》《人言》《声色画报》《自由谭》《天下》等刊物。漫画家黄苗子说："如果没有邵洵美的《时代漫画》，中国的漫画无法想象。"那么也可以这么说："没有邵洵美的《诗刊》，中国的新诗亦无法想象。"更可以说："如果没有

《论语》，中国小品文写作无法想象。如果没有邵洵美，海上文学、中国现当代文学不可想象。"

　　上海从一个小城镇成为世界级的大都会，是文化提升了它。具体来说，是众多报纸杂志、作家、文学流派、政治团体的集体呈现。邵洵美一生做的就是这样的事业。难以想象，如果上海滩没有了邵洵美，没有了《新月》《时代画报》《诗刊》《万象》《论语》《自由谭》，没有了时代图书公司、东方第一台影写版印刷机（后来印刷了第一本《人民画报》），海上文坛该是多么寂寞？它又怎么能配得上"十里洋场"这样的称呼？又怎么吸引无数文化人跋山涉水千里迢迢地投奔到它的怀抱？

　　邵洵美至少在中国出版史上破了几个纪录：创办《银灯》，这是中国电影刊物之始；创办《上海夜报》，这是中国晚报之始；引进第一台影写版印刷机，开创了中国印刷全新的时代。更重要的是，他慷慨大方，从泰戈尔到萧伯纳，到上海来访问的世界级大师不计其数，邵洵美都自掏腰包招待。早在留学剑桥的时候，有很多中国留学生没钱吃饭，找到中国驻英国大使馆求助。大使馆工作人员说："你找我们也没有用，我们也没钱，你到剑桥去找邵洵美，他会给你饭吃给你钱花。"找他的人太多了，后来他成立了天狗会，办了个大食堂，凡中国留学生只管来吃，直到回了上海仍然如此。夏衍从日本回到上海滩，一时无钱吃饭，邵洵美得知后马上请他过来。隔了一天，夏衍带着一沓书稿来到金屋书店，邵洵美赶紧倒茶让座，接过书稿一看，是翻译的日本作家厨川白村的《北美印象记》。邵洵美不等夏衍开口，马上付给他五百大洋，并将其中的《女人的天国》一文在他主持的《狮吼》杂志上发表，并预告此书将由金屋书店出版。

新月书店在上海开张，报上刊有新闻，买书的人还没上门，送书的人却来了。一个陌生人拿着一部藏书《脂砚斋甲戌抄阅再评石头记》抄本来找胡适，他认定胡适是研究《红楼梦》的专家，愿意将这部珍贵的收藏本卖给胡适。偌大的中国，也只有胡适配读这样的书。隔了几天，胡适来到新月书店，店员将此书交给他。他随手一翻，大呼："好书，真是好书，险些失之交臂。"他发现这是海内最古老的《石头记》抄本，是一部最接近原稿的版本，迫切要将此书买下来。可是一谈价格，陌生人开口五百大洋，且分文不少。当时正是因为北京大学停发工资半年，无奈之下他才来到上海，手头拮据，一时去哪里筹集五百大洋？在一旁的邵洵美见状，上来说："既然是本好书，既然胡先生如此喜爱，那么，我来成人之美好了。"他当即开出五百大洋支票给了陌生人，让一部好书有了最好的归宿。后来胡适离开上海时，什么都没带，只带了这一部《脂砚斋甲戌抄阅再评石头记》。

邵洵美的孟尝君之名风传上海滩，凡文化人士，一旦失去工作或没有饭吃，第一个想到的就是求助邵洵美——因为他家财万贯，也因为他一掷千金。流传甚广的一个故事是，有一次邵洵美做东，在新雅茶室请客，一行人酒足饭饱之后继续喝茶。邵洵美无意中站到玻璃窗前，看到马路上瘫坐着一个老乞丐，谁也没有将老乞丐放在心上。临走时，邵洵美对老板说："给我再来两碗米饭，一个蚝油牛肉，我要带走。"盛佩玉说："我们都吃好了，你要带饭给谁？"邵洵美说："这个你别管。"他拿着饭菜随众人一同出了新雅茶室，故意落在后面。经过那个老乞丐面前时，谁也没有在意，他悄悄弯腰将饭菜放在老乞丐面前，然后转身离开。

当时上海画家鲁少飞画了一幅后来很有名的漫画《文坛茶话图》，发表在《六艺》杂志创刊号上。

《文坛茶话图》好比是 20 世纪 30 年代上海文坛的集体照，众多名家围坐一堂，品茗座谈，几乎将海上作家一网打尽：邵洵美、茅盾、郁达夫、林语堂、老舍、张资平、冰心、白薇、洪深、傅东华、鲁迅、巴金、周作人、郑振铎、沈从文、杜衡、

鲁少飞所作《文坛茶话图》

张天翼、鲁彦、施蛰存、凌淑华、徐霞村、穆时英、刘呐鸥、叶灵凤、高长虹、田汉、丁玲、刘半农、徐志摩、蒋光慈、彭家煌。

　　这里有一个疑问，张爱玲既然有了这样一个表叔，为什么她初登文坛时不找表叔邵洵美反而找了周瘦鹃？其中最大的原因可能是，她一向对老李家没有好感，曾经对李家祖先不无仇恨地说："他们只静静地躺在我的血液里，等我死的时候再死一次。"有这样的情绪，连带着也不喜欢李鸿章家亲戚应该可以理解。

　　邵洵美的祖父邵友濂，曾任清政府的上海道台、湖南巡抚、台湾巡抚等职，他有两儿一女。大儿子邵颐，娶的是李鸿章的亲侄女，以李鸿章女儿的名义嫁到邵家的。二儿子邵恒，娶的是盛宣怀的四女儿盛樨蕙。二儿子邵恒的长子，正是邵洵美。由于大伯邵颐早逝，邵洵美就过继给大伯母李氏。最后，邵洵美和自己的表姐、盛宣怀的孙女盛佩玉结了婚。这样一来，邵洵美就有了四重身份：邵友濂的亲孙、盛宣怀的亲外孙、盛宣怀的孙女婿、李鸿章的嗣外孙。就像《红楼梦》中的贾史王薛四大家族一样，这是个根系庞大的家族群。李鸿章更是兄弟子侄众多，和曾国藩、盛宣怀、段祺瑞、张之洞等人形成错综复杂的联姻关系，根系里面甚至找得到很多民国人物之间各种各样的关系。

　　作为李鸿章的曾外孙女，张爱玲成为邵家大少爷邵洵美的表侄女，自然并不奇怪。只是时代从来冷酷无情，这些贵族后裔随着一个全新的时代的到来，最后全都尘归尘、土归土。张爱玲心急慌乱地去了海外，从此一生飘零、居无定所，最终客死他乡。她的表叔倒是留在国内，晚景凄凉，穷困潦倒到连个肉包子也吃不上，最终病死，死时赤着一双脚，还是盛佩玉看不下去，跑到路边小摊子上花两块钱买了双塑料底的鞋子，让他穿着踏上那条黄泉路。

# 关露：写小说的女特务

## 一

同为海上四大才女，张爱玲与关露见面的机会其实很少，1944 年 3 月 16 日，新中国报社举办的海上女作家聚谈会对她们来说是重要的一次。

张爱玲出现的时候，关露、潘柳黛等十多位小姐作家都到了。张爱玲照例与苏青一同过来，而且一如既往地迟到——这是她的习惯。迟到的好处除了必需的矜持之外，还可以在入场的一刹那成为众人关注的焦点，惊艳亮相是她每次聚会必须达到的效果。在接到通知要参加这个会议的三天前，她就苦恼自己穿什么衣裳出席这个隆重的社交聚会。在她看来，说什么话并不重要，甚至可以一句也不说，保持女作家的神秘更能吸引人。

张爱玲的出现一如她所预料的那样，引起一阵隐隐的骚动。大家都停止了交谈，转而窃窃私语。她就坐在关露对面，不说话，只是与关露略略点头，然后随手拖了把椅子安然坐下。她一落座，会议发起人、《中国女性文学史》作者谭正璧便站起来说："向诸位小姐作家们介绍一下，刚刚入场的便是我们上海滩红极一时的女作家张爱玲小姐，大家欢迎。"他带头鼓起掌来，下面也零零落落地响起掌声。斜对面的潘柳黛瞪了张爱玲一眼，和邻座的关露嘀嘀咕咕地说个没完。

张爱玲换了个姿势坐着，这时谭正璧主持的会议正式开始。他也没站起来，只是看着桃红柳绿的小姐作家们，随意而谈："最近鉴于小姐作家的作品在各刊物上发表得很多，我们觉得如果邀请几位女作家来做一次聚谈，对于文艺创作问题，听取女作家诸位的一点意见，这是非常有意义的事。因此有这一次聚谈会的举行。从哪儿谈起呢？万事开头难，还是从大家的第一篇作品来谈吧。"一开始大家都有点拘谨，谭正璧提示说："说他人的也可以。"小姐作家们面面相觑，最后不知如何说到了最当红的女作家冰心，苏青率先开了口："说起冰心，我从前读她的诗和文章，觉得很美丽。后来看到她的照相，原来非常难看，又想到她在作品中时常卖弄她的女性美，所以后来就没有兴致再读她的作品了，真是说也可笑。"

苏青一番快人快语把大家都逗笑了，气氛一下子活跃起来。据事后座谈会记录分析，张爱玲与关露在座谈会上的问答，有不少观点是相同的。譬如对"中国历史上的以及现代的女作家喜欢谁"的问题，关露的答复是："在古代女作家中，我喜欢朱淑真和李清照，我觉得她们的词句缠绵动人，而且写得很大胆，能说别个女人不敢说的话。现代女作家则喜欢丁玲，她的作品大胆而有热情。"这一点与张爱玲不谋而合。

1944 年 12 月，张爱玲自己改编的话剧《倾城之恋》在上海上演。关露不仅观看了演出，还以笔名"兰"写了一篇剧评，发表于 1945 年 1 月《女声》第 3 卷第 9 期。当时关露正在《女声》杂志任编辑，她明确指出张爱玲这篇小说是写破落户的中国的一片，破落户的家庭，破落户的女儿，破落户的恋爱。大凡见过那些破落户的家庭和那些男女们以及男女之间关系的人，都能懂得这篇故事里的人，而看过这篇小说的人也都知道和了解这个故事的"凄苍伤感"。因为小说"故事曲折"，所以它"搬上舞台是很合适"。然而，看了话剧之后，关露倒反觉得许多地方不如书中的故事了，原因何在呢？

在关露看来，小说中原有的各种人物间的复杂关系，到了话剧《倾城之恋》中，变成只看见了罗兰（白流苏扮演者）一个人。人物个性发展也不统一，拿他们前后行为的对照，未免发展得太离奇。

张爱玲的话剧《倾城之恋》剧本未能保存下来，关露的批评是否中肯难以判断。不过她认为演员中罗兰的演技是没有破绽的，倒与张爱玲在《罗兰观感》中对罗兰的赞誉相一致。而且，关露最后断言，总结起来，《倾城之恋》总是一个好戏！也应该是符合实际的。张爱玲是否读过关露这篇《倾城之恋》剧

年轻时的关露

老年时的关露

评不得而知，她与关露交往不多。而同为编辑的苏青则与关露往来频繁，早在她的小说《续结婚十年》中，写一群作家去苏州春游，其中有个《妇女》杂志记者秋韵声小姐，就是关露。在她的笔下，关露几乎是个小丑式的人物："秋小姐据说也是左翼出身的，与人同居过，后来又分开了，最近替一个异邦老处女作家编这本《妇女》，内容很平常，自然引不起社会上的注意。那秋小姐看去大约也有三十多岁了，谈吐很爱学交际花派头，打扮得花花绿绿的，只可惜鼻子做得希奇古怪……"

　　不知道这一段是苏青的杜撰还是发生在关露身上的真事，苏青在小说中把它写得活灵活现：在苏州的那天晚上，怀青和秋小姐同睡一个房间，其中还有一个女记者张明健，怀青和秋小姐同睡一张床。秋小姐以为怀青睡着了，和张小姐大吹特吹起来，她说自己好像是一位华贵非凡的公主，希望在幽幽月光下遇见一位英雄美貌的王子。她的理想是要做西施，要有一个吴王来宠爱她，为她劳民伤财，为她破家亡国，这样才使她满足，因为她有美的力量。怀青听了差点笑出声来，只好继续装睡。在她眼里，这个秋小姐不要说吴王了，就是普通的苏州人也不会多瞧她一眼。后来怀青可能听不下去，翻身睡去。秋小姐似意犹未尽，过来骚扰怀青，叫她，她装作沉睡不醒。秋小姐便来抚摩她脚底，到底将她弄醒，然后又和她长谈起来，由恋爱谈到性，说起男女间床上各种动作，秋小姐说："我的身体是很坏的。我真怕男人，怕得很。"

## 二

关露的特殊身份让她与胡兰成有了交集，这也等于间接与张爱玲有了特殊的沟通。胡兰成一度是海上白相人李士群家的座上宾，当时李士群在老上海极司菲尔路 76 号特工总部主政，便将发生在极司菲尔路的一个女卧底郑苹茹的故事说给张爱玲听。张爱玲用了差不多三十年时间，才写成一篇小说《色，戒》。郑苹茹策反的是二号人物丁默邨，而关露策反的却是一号人物，就是丁默邨的顶头上司李士群。

当时关露也是一个郑苹茹似的女卧底，她本名胡楣，姐姐叫胡绣枫，是重庆国民党社会局局长李剑华的太太，一朵交际花，并且夫妻俩都是地下党员。1939 年，毛泽东指示潘汉年争取和李士群合作。后来潘汉年得知胡绣枫是李士群的老情人，而李士群则一直希望胡绣枫能回到他身边，便决定从这里打开突破口。和胡绣枫一说，胡绣枫最终却让妹妹胡楣，也就是关露代替了她。胡绣枫的方法是写信给李士群，希望他替妹妹关露找一份工作，关露就手持姐姐的信来到上海滩找到李士群。李士群发现这个关露比她姐姐还要漂亮，便将她留在身边。谁知道关露阴差阳错成为老上海的美女作家，并且为著名电影《十字街头》写了一首传唱久远的老歌《春天里》："春天里来百花香，朗里格朗里格朗里格朗，和暖的太阳在天空照，照到了我的破衣裳……"

　　苏青其实在小说中就暗示了关露的身份，她不是直接写关露，而是写关露的朋友张明健："她本是江北的左倾女性，给郑烈手下的特工捉过来，备受酷刑，不肯投降。后来郑烈本人由惊奇而发生兴趣起来，不知采用何种手段，居然使得那位女英雄帖然就范了——至少在表面上。"

　　关露初到上海滩，很快就成为和丁玲、张爱玲齐名的女作家，那时候她的长篇小说《新旧时代》已经进入最后的修改阶段，除创作之外她还翻译了高尔基的《海燕》和《邓肯自传》。那时候的关露激情澎湃，面对日寇的侵略，她大声疾呼，宁为祖国战斗死，不做民族未亡人。这样的爱国诗词曾经为她赢得了"民族之妻"的称号。当然，这一切均发生在重庆。某天夜里，她突然接到中共华南局最高领导人的密电——速去香港找廖承志，当时廖承志任八路军香港办事处负责人。关露抵达香港的第二天，两个客人拜访了她，其中一个就是廖承志，另一个人自我介绍说："我叫潘汉年。"那是一次绝密的谈话，潘汉年的任务就是命令关露返回上海，策反李士群。

　　从此，红色作家关露消失了，她身穿摩登旗袍出现在上海女作家群中，并且成了极司菲尔路76号汪伪特工总部的常客，成为汪伪特务头子家里的红人。李士群让太太叶吉卿和关露一起逛商场、看戏、出席各种公开活动。就在有意无意间，关露投靠汪伪特务的消息风传一时。李士群照顾关露还有一层意思，当年胡绣枫曾经竭力保护过叶吉卿。据说左联负责人曾找到了主管诗歌工作的蒋锡金，问他："关露还参加你们的活动吗？"蒋锡金说："是的。"负责人说："今后不要让她参加了。"从此，上海许多关露昔日的同事、朋友均对她侧目而视，一谈起她，甚至要往地上吐唾沫。但是关露并不在意，她严格地执行了党的指示，有意疏远了那些朋友。据胡绣枫回忆，此间关露曾给她写过一封信："我想到爸爸、妈妈身边去，就是不知道爸爸、妈妈同意吗？"这里的"爸爸、妈妈"就是指解放区、延安。胡绣枫说，接到关露来信后，她立刻跟邓颖超汇报了此事。没多久，八路军办事处一个人找到胡绣枫，随后胡绣枫回信对关露说："爸爸、妈妈不同意你回来，你还要待在上海。"

　　忍辱负重了两年之后，关露的付出终于有了回报，逮着一个成熟的机会，关露对李士群说："我姐姐来信了，说她有个朋友想做生意，你愿意不愿意？"李士群是个很聪明的人，他一听就明白了。很快，潘汉年来到上海，秘密约见了李士群。从此，日军的清乡、扫荡计划，总是提前送到新四军手中。之后，李士群与中共的秘密联系改由其他同志负责。关露又迎来了新的任务，潜伏到日本海军部控制下的《女声》杂志做编辑，一直到日本宣布投降。组织上得到密报，关露已经名列国民党的锄奸名单，立刻安排她来到了苏北解放区。熬过了六年潜伏敌营的生活，关露终于回到自己人身边，单纯的她并不知道，自己要经受的煎熬还没结束，每一次运动，她都要成为最严格的审查对象。这时候她意外收到一封信，是她的恋人寄来的，关露欣喜若狂。他是党的高级干部，两人感情深厚。抗战时期关露在敌人的营垒里始终是以汉奸文人的身份出现，而她的恋人则以爱国人士身份，在国际友人之间活动，身份的差别导致两个人聚少离多。关露以为到了解放区，他们就可以结合了。她想不到，这封来信竟然是一封绝交信，关露疯了——她的精神分裂症时好时坏，不知道自己是好人还是坏蛋，是作家还是汉奸，或者是特务。她有几重身份，到底哪一个才是真实的她，她自己也说不清。后来，她数度入狱，一直到七十六岁时才平反，却在平反后的一个冬日，在她那十多平方米的陋室里服药自尽。她的经历后来被很多作家写进作品，最近的一部是麦家的小说《风声》，后来改编成电影；还有一部电视连续剧叫《旗袍》，人物原型也是关露。

# 沈寂： 乱放炮的愣头青

1944 年 8 月 26 日下午 3 时，上海的杂志社在康乐酒家举办了一次张爱玲小说《传奇》的座谈会，《杂志》当年九月号以《〈传奇〉集评茶话会记》为题，对座谈会做了较为详细的报道。沈寂作为当时海上"新进作家"，以谷正櫆的名字也在邀请之列，参加座谈会的还有炎婴、南容、哲非、袁昌、陶亢德、尧洛川、实斋、钱公侠、谭正璧、苏青等。杂志社出席的是鲁风、吴江枫两位，《新中国报》记者朱慕松做记录。

据沈寂回忆，那次会议由吴江枫主持，张爱玲照例隆重登场，涂着口红，穿着橙黄色绸底上装，戴着淡黄色的玳瑁眼镜，脸上始终露着微笑，可见这天她的心情之好。沈寂后来在《张爱玲的苦恋》一文中回忆说："我记得张爱玲那天穿橙黄绸上装，品蓝色长裙，式样奇特，色彩鲜艳。在当时来说算是'奇装异服'。令人惊异的是她把头发在鬓上绕了一圈，长长地披了下来，遮住半边脸，再戴一副眼镜，望过去只见雪白面庞上两个圆圈和一小团红（搽着唇膏的嘴唇）。她沉静得近似一座玉女石像，庄重得令人起敬。伴同张爱玲一起来是她的印度女友炎樱，身穿短裤，手戴大手镯，像来自热带的女郎。大家的发言都是溢美之词，称赞张爱玲的技巧和文笔，只有谭正璧谈及内容和人物，很简略。我在会前曾读过傅雷（笔名迅雨）发表在《万象》上的文章《论张爱玲的小说》，他指出张爱玲的作品，'除了男女以外，世界究竟还辽阔得很。人类的情欲也不仅仅限于一二种。假如作者的视线改换一下角度的话，也许会摆脱那种淡漠的贫血的感伤情调。'我也读过谭正璧撰写的评论张爱玲的文章：'选材尽管不同，气氛总是相似。她的主要人物的一切思想和行动，处处都为情所主宰，所以她或他的行动没有不是出之于疯狂的变态心理，似乎他们的生存是为着情欲……总之，作者是个珍惜人性过于世情的人，所以她始终是个世情的叛逆者，然而在另一方面又跳不出情欲的奴隶。'我同意这两位前辈的见解，在茶话会上也就发表类似的意见。"

在场所有的来宾均发言后，主持人最后邀请张爱玲说几句。张爱玲说，我今天纯粹是来听话的，并不想说话，刚才听了很多意见，很满意，也很感谢。

这是沈寂第一次见到张爱玲，虽然彼此没有直接交谈，但在一张桌子上面对面交流，两人算是成了新朋友。

其实在正式见面前，沈寂与张爱玲常常在纸上见面。1942 年，

晚年时的沈寂

时在复旦大学读二年级的沈寂，创作了第一篇小说《子夜歌声》，在顾冷观主编的《小说月报》刊出；1943 年在周瘦鹃主编的《紫罗兰》第七期上，刊发小说《黄金铺地的地方》。1943 年，张爱玲从《紫罗兰》第二期至第六期，连载了小说《沉香屑》，引发轰动效应。可以说，《紫罗兰》是张爱玲最早赢得文名的刊物。

1943 年，沈寂在柯灵主编的《万象》上，连续发表了《盗马贼》《被玩弄者的报复》《大草泽的犷悍》三篇小说，得到柯灵的好评。在九月号《编后记》中，柯灵推荐道，这里想介绍的是《盗马贼》，细读之下，作者自有其清新的风致。沈寂先生是创作界的新人，这也是值得读者注意的。

而张爱玲的小说《连环套》，当年也在《万象》上连载。她的《心经》，还与沈寂的《盗马贼》同时刊登在九月号上。在柯灵的眼中，张爱玲与沈寂，是《万象》的重点作者，也是有广阔前途的青年作家。

在静安寺路康乐酒家所见的第一面，沈寂并没有给张爱玲留下好印象。也许因为太过年轻，他像个乱放炮的愣头青，想到哪儿说到哪儿，发言竟然有"变态心理"四个字，这正是张爱玲极为反感的字眼。不久前看到的迅雨（傅雷）的文章，也批评她的《金锁记》：曹七巧"恋爱欲也就不致被抑压得那么厉害。她的心理变态，即使有，也不致病入膏肓，扯上那么多的人替她殉葬"。张爱玲进而联想到，有变态心理的作者，笔下才会出现变态心理的人物。这谷先生与迅雨先生，可是一个鼻孔出气，串通好专门找她的碴儿。她越想越气闷，就把这一想法悄悄告诉了吴江枫。吴江枫听后很是吃惊，觉得事情不妙，作为《杂志》编辑，又是那次座谈会的主持人，他不希望张爱玲的情绪受到影响。吴江枫马上把张爱玲的想法转告了沈寂。怎么办呢？两人商量后认为，从刊物这边说，张爱玲惹不得，她不但是《杂志》台柱子，更是上海滩当红女作家。从沈寂这边来说，一句老话说的是"好男不跟女斗"，应该消除张爱玲的误解。于是，在吴江枫的建议下，沈寂决定登门解释。

几天后的一个下午，约好时间，沈寂跟随吴江枫去了赫德路195号爱丁顿公寓（今常德路常德公寓），电梯直达六楼。吴江枫熟门熟路，可见他是这里的常客。张爱玲乍见吴江枫带着沈寂进门，已心知肚明。张爱玲年长沈寂四岁，自然有大姐的姿态，她举止落落大方，这使心里有点忐忑不安的沈寂很快消除拘谨。三个人东拉西扯，说说笑笑从座谈会谈到正在喝的咖啡，前后坐了一个来小时，张爱玲自始至终笑语盈盈。沈寂内心感叹"到底是上海人"，张爱玲的确"拎得清"。

到了1945年8月，抗战胜利。沈寂除继续创作外，先后做过《光化日报》特约记者，到《辛报》编过"社会新闻"版，还主编《民众周刊》。后应环球出版社冯葆善先生之邀，主编《幸福》月刊。又于1948年5月，接编《春秋》月刊。这时候社会舆论对张爱玲多有责难，在大光明大戏院担任外国原版影片"译意风"（类似同声翻译）的姑姑张茂渊决意为张爱玲换个环境。这样，她们搬出爱丁顿公寓，起先迁入静安寺路梅龙镇弄内重华新村，几年后又迁往派克路（今黄河路65号）卡尔登公寓（今长江公寓）。其间，张爱玲埋头写作，从小说《华丽缘》《相见欢》，到电影《不了情》《太太万岁》。但报刊上以张爱玲署名的作品已大为减少，还时遭退稿，这大大打击了她的自尊。同时，这也意味着靠稿费生活的她，渐渐陷入困境。沈寂就在这时候想到了张爱玲，不能用真名发表作品，就请她化名发表翻译作品吧。沈寂写信约张爱玲译稿，很快，张爱玲寄来了一篇题目为《红》的译作，四千余字，署名霜庐。沈寂看后觉得是对毛姆原著的改写，文字风格则是张式的。张爱玲说明：因在创作小说，没有全部译完，很是抱歉云云。同时，把美国"企鹅版"毛姆小说原著附来。沈寂读的是复旦大学西洋文学系，对外国文学自然烂熟于胸。他很快根据原文，译完余下的三分之一文字，文末还写上"本篇完"，编入《春秋》1948年第六期《小说》栏目。在内页《红》的题目处，沈寂请人配了题头画，中间留了空白，是署翻译还是改编让他颇费踌躇。却因发排时间紧，最后疏漏了填写。这样，不看前面目录，不知作者为谁，只是此文与鲁彦的《家具出兑》、田青的《恶夜》等排在一起，给读者造成这是一篇原创小说的感觉。刊物印出，张爱玲收到样刊后，自然喜出望外。为了这份情谊，张爱玲又赶紧续译毛姆一篇稍短的小说《蚂蚁和蚱蜢》，寄给沈寂。沈寂标上"W. S. 毛姆作，霜庐译"，同样请人配了相关插图，编入《春秋》1949年第二期。

　　杂志面世不久，上海解放。沈寂因香港永华影业公司买下他的小说《盐场》《红森林》版权，并邀请他出任该公司编剧，在获得上海军管会同意后，他偕妻子赴港履新。两年后的 1952 年 1 月，沈寂因公司欠薪三个月，代表职工与厂方谈判未果，得罪了港方，又因参加进步团体"香港电影工作者学会"组织的爱国活动，被裁定为"不受港督欢迎的人"，驱逐出港。那晚的经历惊心动魄：那是 1952 年 1 月 10 日凌晨，睡梦中的沈寂被不明之声惊醒，顷刻间从屋外闯进三个彪形大汉，还提着手枪，自称香港警署，让沈寂跟他们走一趟。随后就将他戴上手铐，押进一辆囚车。汽车一路向北疾驶，直到罗湖边界，警察向他出示一张告示，宣布道："因不受港督欢迎，终生驱逐出境。"与沈寂一起被港英政府无理驱逐的还有司马文森、马国亮、刘琼、舒适、杨华、白沉、秋梵等文艺界人士。下车后沈寂抬头一看，前方是深圳边界，他快步走着，走出了香港。穿过一片烂泥地，深圳边防战士发现了他："祖国欢迎您。"沈寂内心一惊，很快淡定下来，这样的经历对人生大起大落的他来说，早就经历数次。据说他孩童时就遭绑票，后来在白色恐怖笼罩下，他曾辗转到苏南加入新四军。在大学读书时因参加学生运动被关进日本宪兵队惨遭刑罚。后来他写小说、编刊物，结识了当时活跃于上海文坛的柯灵、张爱玲等不少作家，与黄金荣、杜月笙、哈同等往来密切。

　　1952 年 4 月，沈寂回到上海，进入公私合营的上海电影联合制片厂。尚在上海的张爱玲，经主持上海文艺工作的夏衍同志提议，作为正式代表，出席过 1950 年 7 月召开的上海第一届

文代会。也是巧合，有一天，在黄河路上开办"人间书屋"的
沈寂，去对面卡尔登公寓探望朋友，刚进大楼，与正从电梯里
走出来的张爱玲撞个"满怀"。张爱玲脱口而出："谷先生吗？"
她习惯称沈寂为谷先生，她已从报上知道沈寂因进步行为被驱
逐出港。沈寂说："是。张小姐多年不见，你好吗？"听这一问，
张爱玲显得无精打采："还是老样子，除了动动笔头，呒啥好做
的。"他们有一搭没一搭地闲聊着。沈寂看得出，张爱玲情绪低
落。正要告别，张爱玲说："对了，最近正好出版了一本小说，
送你看看。"说着，转身上楼去取书。

　　这本书叫《十八春》，是张爱玲第一部长篇小说，相比以往
的中篇小说，《十八春》写作的时间稍长些。她应《亦报》主编
龚之方之约，答应写这部小说，以连载形式来吸引报纸读者。
小说署名"梁京"，从 1950 年 3 月至 1951 年 2 月，全部连载完
毕。《亦报》趁热打铁，请张爱玲对全书再修改润色一遍，1951
年 11 月以"亦报社"名义出版单行本。接着，《亦报》又连载
她的另一部小说《小艾》。

　　1952 年至今，六十四年过去了，沈寂一直保存着这本《十
八春》，直到 2016 年 5 月 16 日在上海病逝，这是他与张爱玲在
上海最后一面的见证。这次见面后过了大约四个月，沈寂听说
张爱玲去了香港。他不觉得惊奇，认为是顺理成章之事。时光
转到 2009 年，台湾著名导演李安要执导张爱玲的《色，戒》，
知道沈寂十分熟悉旧上海的一草一木，便聘请他担任影片史实
顾问。又听说沈寂曾与张爱玲有过交往，高兴地说，请您任顾

问是请对了，增强了我拍摄《色，戒》的信心。比如，张爱玲小说中的麻将戏，沈寂说那时的麻将不用塑料或木质，用的是牛骨。再比如，姨太太穿着黑披风，如何走路？沈寂说要走一字步，有一定的扭摆。为了老朋友，沈寂又做了一回幕后英雄。

## 池田笃纪：高个子瘦长脸的荒木

池田笃纪被张爱玲在小说《小团圆》中化名为荒木，他是胡兰成的救命恩人，张爱玲对他印象也相当好。胡兰成与张爱玲相爱时，逢人便夸张爱玲，但是凡对方要求见一见张爱玲，他没有二话一律婉拒，只有池田笃纪是个例外。

张爱玲在《小团圆》里细致地描写了她与池田笃纪的交往："他带荒木来过。荒木高个子，瘦长的脸，只有剃光头与一副细黑框的圆眼镜是典型日本人的。他去过蒙古，她非常有兴趣。之雍随即带了张蒙古唱片来，又把他家里的留声机拿了来。那蒙古歌没什么曲调，是远距离的呼声，但是不像阿尔卑斯山上长呼的耍花腔。同样单调，日本的能剧有鬼音，瓮声瓮气像瓮尸案的冤魂。蒙古歌不像它们有地方性——而且地方性浓到村俗可笑的地步——只是平平的，一个年青人的喉咙，始终听着很远，初民的声音。她连听了好几遍，坚持把唱机唱片都还了他们。

"荒木在北京住过很久，国语说得比她好。之雍告诉她他在北京隔壁邻居有个女孩子很调皮，荒木常在院子里隔着墙跟她闹着玩，终于恋爱了，但是她家里当然通不过。她结了婚，荒木也在日本订了婚，是他自己看中的一个女学生。战时未婚妻到他家里来住了一阵子，回去火车被轰炸，死了。结果他跟家里的下女在神社结了婚。

"那北京女孩子嫁的丈夫不成器，孩子又多，荒木这些年一直经常资助她，又替她介绍职业。有一次她实在受不了，决定离开家，她丈夫跪下来求她，孩子们都跪下了。她正拿着镜子梳头发，把镜子一丢，叹了口气，叫他们起来。"

甚至她还见过池田那个北京女友，应该是她来上海看望池田，池田带她来见张爱玲："九莉见过她一次，骨瘦如柴，但是并没有病容，也不很见老，只是长期的精神与物质上的煎逼把人熬成了人干，使人看着骇然。看得出本来是稚气的脸，清丽白皙，额部像幼童似的圆圆的突出，长挑身材，烫发，北派滚边织锦缎长袖旗袍，领口瘦得大出一圈。她跟荒木说说笑笑很轻松，但是两人声调底下都有一种温存。"

张爱玲对池田的好感多半源自胡兰成，如果没有池田这个人，我们无法想象胡兰成的人生该如何收场。在汪伪政府里混得黔驴技穷无法存身，甚至连身家性命也难保，寻找新靠山成为他的当务之急。也是天无绝人之路，让他在绝境之处相逢池田笃纪。胡兰成被逮捕后，按照他的嘱咐，应英娣（一说是侄女青芸）当即连夜赶到池田笃纪家，请求池田救人。池田觉得事态严重，当即找到日本驻汪伪南京政府"大使"谷正之、书记官清水董三。谷正之也认为汪精卫此举有些过分，让日本人面子很不好看。他当机立断，叫清水立刻打电话给汪伪政府宣传部部长、汪精卫的亲信林柏生，警告他说："贵方逮捕胡兰成是非法的，现在重要的是首先你要保证胡的生命安全！"接着，又派池田到汪伪组织最畏惧敬重的两大后台老板——日本驻华派遣军总司令部和日本驻南京宪兵队，请他们联合对汪精卫施压，务必把胡兰成释放。

胡兰成在池田周旋下很快被释放，从此他与汪精卫一刀两断，与日本人走到一起。池田有武士之风，胡兰成是因文惹祸，而惹祸的文章正是池田献宝一样到处传播的，所以从根子上来说，胡兰成的祸因他而起，他拼命营救胡兰成也在情理之中。谷正之派车来接胡兰成，甚至亲自出面设宴为他压惊，这让胡兰成心生欢喜。他几乎没有任何迟疑，抬腿就上了日本人的船。当然，他做得也极有智慧，经过一次又一次牢狱之灾，他变得越来越有智慧——日本人为什么如此真诚待他？因为他讲了真话。他是以真话被日本人看中，他知道日本人需要听真话，需要听中国人讲真话，这是一般中国人不愿意对日本人讲的，也是一般中国人讲不出的。机缘巧合让胡兰成在此时出现，担当了这个角色。在谷正之为他而设的酒宴上，他提出开放内河航运封锁、取消南京城门和火车站日本宪兵检查。不久，这两条规定被废除，他就这样做了一个向日本人进谏的"忠贞之士"。日本人在中国，缺少的就是这种角色，胡兰成歪打正着最后当作正事来经营。这时候战局陡转直下，汪精卫去日本就医，汪伪政府一片惨淡。周佛海等纷纷向重庆暗通款曲，以留后路。放在胡兰成面前的只有一条路，唯一的一条路。

1944 年夏天，日本人一举拿下了湖南、广西，直逼贵州。胡兰成受华中日军司令部之邀到汉口，名义上作学术讲演，实际上谈的却是日军在沦陷区的纪律。像他这样以笔为生的文化人，手无缚鸡之力，以笔墨为生，不能开枪打仗，也只能做幕僚和谋士——在汪伪政权那里是如此，在日本人这里也是如此。因为他的那篇文章，加上池田、清水把他当宝一样到处宣传，他在日本军中拥有一大批粉丝。后来在上海华懋饭店，他与日本大将宇垣一成会见，两人在一起整整谈了六个小时。宇垣此行主要代表日本政府来寻求停战"和平"的可能，他贡献了自己的见解，说的仍是停战撤兵。日本人把他当成敢讲真话且有风骨的中国高士，他自己也努力维持着这一高大形象。谷正之怕他免官后生活贫困，曾叫池田来说，要分一部分薪水给他，他没有要。日本人更加器重他，他们从他的谈话及文字里认定他一定有经世大略，且目光高远，这样的雄才难得一现，不重用起来实在对不起人。但是，胡兰成能去哪里？谷正之他们商量来商量去，最合适的地方就是武汉。胡兰成是文人，接手《大楚报》最合适。他们的安排是，先由日本人向陈公博提议，让汪伪集团的叶蓬出任湖北省主席，私下再与叶蓬说定，他可以做省主席，但地方上实际要由胡兰成来主持。胡兰成听了这样的安排很高兴，那时候他正在和张爱玲谈恋爱。有一天晚上，他突然带回来一箱子钱，打开来让张爱玲看。张爱玲冷冷地看一眼，然后他合上箱子，告诉她，他要去武汉，他的人生将会重新开始。每次濒临绝境都是如此，以为前头再无路可走，他也不去管，事实上他也没办法管，只好两眼一闭，任天崩地裂。但是想象的电闪雷鸣、大雨倾盆并没有出现，几乎每一次他都会化险为夷平安而归，上一次身陷囹圄最后也没有例外。如此说来，命运其实一直垂青他，他也说自己是"好人好报"。

但是最后日本人很快兵败如山倒，他来到上海准备逃亡，荒木也就是池田笃纪再一次出现在《小团圆》中："两星期后，一大早在睡梦中听见电话铃声，作 U 字形，两头轻，正中奇响，在朦胧中更放大了，钢嘟嘟刺耳。碧绿的枝叶扎的幸运的马蹄铁形花圈，一只只，成串，在新凉的空气中流过。

"她终于醒了，跑去接电话。

"'喂，我荒木啊。……嗳，他来了。我陪你去看他。现在就去吧？'

"偏偏前两天刚烫了头发，最难看的时期，又短又倔强，无法可想。

"半小时后荒木就来了。因为避免合坐一辆三轮车，叫了两部人力车，路又远，奇慢……"

小说里接着写道："……下一个红绿灯前，两部人力车相并，她想问荒木，但是没开口。忽然有许多话仿佛都不便说了。

　　"人力车拉到虹口已经十点半左右，停在横街上一排住宅门口。揿铃，一个典型的日本女人来开门，矮小，穿着花布连衫裙，小鹅蛋脸粉白脂红。荒木与她讲了几句话，九莉跟着一同进去，上楼。不是日式房屋，走进一间房，之雍从床上坐起来。他是坐日本兵船来的，混杂在兵士里，也剃了光头，很不好意思的戴上一顶卡其布船形便帽。在船上生了场病，瘦了一圈。

　　"荒木略坐了坐就先走了。"

　　池田笃纪再也坐不住了，兵荒马乱的年代，他也要逃亡。从此之后，胡兰成前脚逃往海外，张爱玲后脚也跟着他逃走。等胡兰成绕了一圈，以水手身份一无所有地来到日本时，他再次投靠的仍然是他的朋友池田笃纪。这时候池田名义上是日本清水市商工会议所理事，真正的职业却是一个脚穿草鞋、头戴草帽成天游走在街巷叫卖水果与蔬菜的小贩，但是他与胡兰成从此成为形影不离的至交。池田去香港时，曾访问过张爱玲，但是没有见着。他给张爱玲留下的家中地址，后来成为张爱玲与胡兰成联络的重要渠道。

# 李香兰：　想演激情戏的山口淑子

　　张爱玲在她的《对照记》中，收录了一张著名的照片，在配文中她这样写道："一九四三年在园游会中遇到影星李香兰（原是日本人山口淑子），要合拍张照，我太高，并立会相映成趣，有人找了张椅子来让我坐下，只好委屈她侍立一旁。《余韵》书中提起我祖母的一床夹被的被面做的衣服，就是这一件。是我姑姑拆下来保存的。虽说'陈丝如烂草'，那裁缝居然不皱眉，一声不出拿了去，照炎樱的设计做了来。米色薄绸上洒淡墨点，隐着暗紫凤凰，很有画意，别处没看见过类似的图案。"

　　张爱玲所说的园游会，其实就是纳凉晚会，她记错了时间，1945 年 7 月 21 日由当时海上著名的杂志社举办，地点在咸阳路2 号，邀请东亚明星李香兰女士和中国女作家张爱玲举行座谈。李香兰出生在东北，是沦陷区最当红的电影明星，一曲《夜来香》风靡中国。杂志社将张爱玲抬出来与李香兰分庭抗礼唱对手戏，可见是把她当作一张王牌来打。那天出席作陪的两位主要人物也非同小可：一位是在汪伪政府中有多种官衔的金雄白，一位是日本海军接管后的《申报》社长陈彬龢，日本人松本大尉和川喜多长政似乎也只有旁听的份儿。

　　张爱玲是由她姑姑和炎樱陪同着一起来的，她见客或是到公共场合，多是有人做伴，尤其炎樱，几乎逢场必到，好似她的卫星。以炎樱的身份是没有资格与会的，但她陪伴在张爱玲左右，有亲近的人一道，不惯见人的张爱玲感到放松自如。张爱玲写文章的习惯常常是"大题小做"，再大的题目也多有谐语，四两拨千斤。但偏偏是这等场合松弛不下来，众人轻轻松松凑趣笑谈的场合，她打不来哈哈，要说正经话。她和李香兰本不是一路人，李香兰台上台下均是一副天真纯情派头，眼下这场合也是一副小鸟依人状。后来得知面前这位静默寡言的女作家比她还小，多少有几分诧异，自语道："比我还小？"张爱玲这时接上一句道："像是您，就到了三十岁一定还是像小女孩子那样的活泼吧？"话里也不知是恭维还是讥诮。李香兰说："也是啊，这些年老演浅薄的纯情戏实在没多大意思，我倒想演点不平凡的激情戏！"于是，张爱玲后来说道："她不要那种太平凡的、公式化的爱，而要'激情'的。"这是讨论电影，却更像是谈论人生。因为自从和胡兰成认识，张爱玲就没有想在情感世界里上演一出"太平凡的、公式化"的爱情。陈彬龢见状就把话题往电影上引："张爱玲小姐是作家又是编剧，我提议让张小姐编写剧本，让李香兰小姐来演，这个主意怎么样?"谁知李香兰并不赞同，她开口就说:"我对浅薄的纯情戏已感不足，以我这样已二十六岁的女人，更想演不平凡的激情戏。"陈彬龢转身便问张爱玲:"假定要请张小姐以你自己一年来大部分的生活经验，编一个电影剧本，而以李小姐为主角，那么这主角该是怎样一个人物?"张爱玲当时正在与胡兰成热恋，陈彬龢话中提到的"以你自己一年来大部分的生活经验"，明显就是影射她与胡兰成之间的花花草草。张爱玲有点不开心，最后有人招呼过去照相，张爱玲心情也没有好起来，在照片中她就拉着一张脸，像有人欠钱不还似的。

　　不过，张爱玲说过她喜欢参差的对照，"葱绿配桃红"，这张照片倒是符合她的审美观。无论从哪个角度看，照片里的女作家和女明星都是错位的:女作家一副女明星的慵懒做派，身着一件家传夹被陈丝被面做的半长洋裙，脚下一双时髦的白色鱼嘴鞋;而女明星反而是一副女作家的内敛贤淑，纯色旗袍上配两圈硕大的珍珠项链。一个人的服装往往是随身携带的微型宣言，这两套衣服多少也泄露了女人的小心思，女作家是不服输的暗紫凤凰，既要低调又要不凡，透着一股子文学女青年孤芳自赏、落落寡合的清高劲儿;而女明星显然因为要见的是女作家，特地选了身素净袍子，透着屈尊俯就的努力。当然还有动作，一般人见到当红女明星，原来应该喜滋滋地望着镜头，但女作家显然并不理这一套，她狷介地垂着眼睛半侧过头去，一个人施施然坐在椅子上。

张爱玲（左）与李香兰（右）合影

　　在李香兰面前，张爱玲一如既往地任性，当然也一如既往地高冷。她可能只是想把李香兰的风头比下去，她其实完全小看了李香兰。在中国电影史上，李香兰是一个特殊的名字，是一个不愿被提及但又绕不过去的人物。"九一八"事变后，日本占领东三省，中国电影因此产生了一个怪胎：日本占领当局直接操纵与控制下的沦陷区电影。李香兰的经历是独特的，她原名山口淑子，生于奉天（沈阳），认了两个上层人物做义父，因此有两个随义父姓的中国名字：李香兰和潘淑华。后来她成了日本人一手推出的伪满洲国的演员，成为日本方面所需要的中国对日的亲善使者。她拍摄了"满映"时期的许多电影，她演唱的《夜来香》也像夜来香的花香，飘过大街小巷——她虽然在当时电影界和音乐界都分外耀眼，却是一个被任意摆布的宣传工具。日本当局需要李香兰，他们推出并利用了她。美、英两国对日宣战，日本成为世界的敌人，深陷泥沼之中。一面是杀气腾腾，一面是歌舞升平。刀光剑影中，李香兰的歌声像掺了迷魂药的葡萄酒，在抚慰人心灵的同时也消磨其旺盛的斗志。虽然身处乱世，李香兰受欢迎的程度却有增无减。太平洋战争开战前期，她在"日本剧场"的演出受到观众的追捧，居然有七圈半的影迷包围在她身边，发生了混乱，成为轰动一时的新闻。流利的中文、日文，令人惊艳的外貌，以及犹如当时好莱坞玉女红星狄安娜·杜萍的欧洲声乐唱腔，李香兰完全体现了日本人对于中国女人的理想憧憬，她就这样成为关东军推行战争政策的"糖衣炮弹"。但从本质上来说，她只是个活色生香的女人，她有很多个侧面，就像她有很多个名字一样，山口淑子或潘淑华，其实都是李香兰。历史有很多种版本，人物也有很多个侧面，李香兰后来在自传中说："一个被时代、被一种虚妄的政策所愚弄的人，如果噩梦醒来后能够有机会对当时的作为反思，或者加以说明解释，也是幸福的。"

　　日本战败后，李香兰本应被清算，但是她的公开身份是日本人，被赶回了日本。20世纪50年代后，张爱玲出逃香港，李香兰在日本发展并不顺利，也来到了香港，以大明星的身份为当时的邵氏公司拍过好几部电影，还灌录了一批唱片。报纸上李香兰仍然是放得最大的名字，而张爱玲已不复从前，得到了一个机会前往美国。有趣的是，李香兰也步步紧追不舍来到了美国。在结束和一个大她十几岁的艺术家的婚姻后，李香兰梅开二度，嫁给了一个比她小六七岁的外交官，从此改姓大鹰，她的传奇人生从这里开始出现蝶变：一跃成为法拉奇式的女记者，她代表富士电视台跑到越南、柬埔寨、中东前线采访，会见政商名流。到了 1974 年她竟走上政坛，当了 18 年的参议员。20 世纪 80 年代她频频穿梭在中日之间，在会见著名音乐家、老上海作曲家陈歌辛之子陈钢时对他说："我和你父亲真好啊……要不是你妈妈，我早就嫁给他了。"她一生活色生香，一直活到 2014 年秋天。她后来再没有出演过激情的银幕角色，但是在生活中，她倒是度过了一个激情充沛、充满传奇的人生之旅，这一点与张爱玲一模一样。

# 桑弧： 痴迷电影的暖男

　　无论从哪个角度来说，桑弧都是张爱玲一生最重要的朋友——他们之间的关系说不清道不明，比夫妻少一点，比朋友又多一些。用现在的话来说，这个痴迷电影的导演绝对是个暖男，给张爱玲的生命带来温暖的男人。虽说后来天各一方音讯全无，但是张爱玲说，我们曾相爱，想到就心酸。别后经年，茫茫人海，想到从前好过的那个人仍然心酸，这种感情也是很美好的，而美好的事情从来都给人温暖。这一点对张爱玲这个冷漠的人来说尤其罕见，也许是绝无仅有的。

　　将时光倒回到七十多年前，桑弧在上海石门一路旭东里家中请客，他刚刚辞去了银行工作，和吴性栽创办了文化影业公司，很想请当红作家张爱玲写剧本，特地请柯灵代为介绍。那天的客人很多，除了张爱玲，还有柯灵、炎樱、魏绍昌、唐大郎、胡梯维等圈内一干朋友。众人谈笑风生，主角张爱玲却郁郁寡欢——是不是刚刚和胡兰成分手影响了情绪？这是张爱玲和桑弧第一次见面，这一次见面开始了他们长达六年的电影合作，最后还传出绯闻，实在出乎所有人意料。

张爱玲时代正是老上海电影鼎盛时代，上海的电影院不计其数，上海的电影公司也数不胜数。张爱玲痴迷电影，她能进入电影圈由此开始编剧生涯，实现自己的人生之梦，桑弧是当之无愧的领路人。

在《小团圆》中，张爱玲将他改名为燕山："蕊秋刚回来，所以没看过燕山的戏，不认识他，但是他够引人注目的，瘦长条子，甜净的方圆脸，浓眉大眼长睫毛，头发有个小花尖。

"九莉认识他，还是在吃西柚汁度日的时候。这家影片公司考虑改编她的一篇小说，老板派车子来接她去商议。是她战后第一次到集会去。虽然瘦，究竟还年青，打起精神来，也看不大出来，又骨架子窄，瘦不露骨。穿的一件喇叭袖洋服本来是楚娣一条夹被的古董被面，很少见的象牙色薄绸印着黑凤凰，夹杂着暗紫羽毛。肩上发梢缀着一朵旧式发髻上插的绒花，是个淡白条纹大紫蝴蝶，像落花似的快要掉下来。

"老板家里大厅上人很多，一个也不认识，除了有些演员看着眼熟，老板给她介绍了几个，内中有燕山。后来她坐在一边，燕山见了，含笑走来在她旁边坐下，动作的幅度太大了些，带点夸张。她不禁想起电车上的荀桦，觉得来意不善，近于'乐得白捡个便宜'的态度，便淡笑着望到别处去了。他也觉得了，默然抱着胳膊坐着，穿着件毛烘烘的浅色爱尔兰花格子呢上衣，仿佛没穿惯这一类的衣服，稚嫩得使人诧异。

"她刚回上海的时候写过剧评。有一次到后台去，是燕山第一次主演的《金碧霞》，看见他下楼梯，低着头，逼紧了两臂，疾趋而过，穿着长袍，没化妆，一脸戒备的神气，一溜烟走了，使她立刻想起回上海的时候上船，珍珠港后的日本船，很小，在船阑干边狭窄的过道里遇见一行人，众星捧月般的围着个中年男子迎面走来，这人高个子，白净的方脸，细细的两撇小胡子，西装虽然合身，像借来的，倒像化装逃命似的，一副避人的神气，仿佛深恐被人占了便宜去，尽管前呼后拥有人护送，内中还有日本官员与船长之类穿制服的。她不由得注意他，后来才听见说梅兰芳在船上。

"不然她会告诉燕山：'我在《金碧霞》后台看见你，你下了台还在演那角色，像极了，'但是当然不提了。他也始终默然，直到有个名导演来了，有人来请她过去相见。

"九莉想道：'没对白可念，你只好不开口。'

"但是他的沉默震撼了她。"

张爱玲说燕山做过演员，这里又和桑弧经历不符，也许是张爱玲想在桑弧身上做点"技术处理"。但问题是你都写得那么细致入微，每一桩每一样都和桑弧对得上号，这点"技术处理"有什么用？

他们的合作就这样开始，第一部电影《不了情》成为文华公司的开山之作，由当红男星刘琼与退隐多年的女星陈燕燕合

导演桑弧

作。剧本写一个叫陈思珍的女子，帮助老公唐志远创办公司。可唐志远发财后，移情别恋于交际花，在忍气吞声中，陈思珍巧妙处理了交际花的敲诈，并重新赢得老公爱心，两个人重归于好。

上海是中国电影的源头，张爱玲时代是中国电影的开创时代，张爱玲在此之前从未写过剧本，但她才华过人，参考了几个好莱坞的剧本，很快驾轻就熟。据《小团圆》描写，张爱玲对这部电影处女作并不满意："……蕊秋回国前，片子已经拍完了，在一家影院楼上预演，楚娣九莉都去了。故事内容净化了，但是改得非常牵强。快看完了的时候，九莉低声道：'我们先走吧。'她怕灯一亮，大家还要庆贺，实在受不了。

"燕山没跟她们坐在一起，但是在楼梯上赶上了她们，笑道：'怎么走了？看不下去?'

"九莉皱眉笑道：'过天再谈吧，'一面仍旧往下走。

"燕山把她拦在楼梯上，苦笑道：'没怎样糟蹋你的东西呀！'他是真急了，平时最谨慎小心的人，竟忘形了，她赤着脚穿着镂空鞋，他的裤脚痒嗖嗖的罩在她脚背上，连楚娣在旁边都脸上露出窘态来。

"放映间里有人声，显然片子已经映完了。他怕有人出来，才放她走了。

"正式上演，楚娣九莉陪着蕊秋一同去看，蕊秋竟很满意。

"九莉心里纳罕道：'她也变得跟一般父母一样，对子女的成就很容易满足。'"

　　事实上这部电影《不了情》一炮打响，卖座极佳。因为《不了情》的轰动效应，桑弧趁热打铁再请张爱玲写个剧本，按他的构思，这应该是个喜剧。张爱玲尝到了甜头，对桑弧的建议欣然同意，一气呵成创作了第二部作品《太太万岁》。就是《太太万岁》这笔三十万元的稿费，张爱玲一分不留全部寄给了逃亡中的胡兰成。躲在温州梦想东山再起的胡兰成当时在一个中学里教书，他特地过江到电影院看了这部电影。当张爱玲的名字在银幕上出现时，这个一生都在利用女人的男子不知心里在想着什么。一直以为张爱玲提出与胡兰成分手是出于无奈，这从她给胡兰成的诀别信上可以看出来，第一句就是："我已经不喜欢你了。你是早已不喜欢我了的。"

　　张爱玲与桑弧合作六年，一直到她翩然出国。桑弧居住的旭东里她多次来过，可能两人接触过于频繁，上海的小报上曾经刊载过张爱玲与桑弧有男女私情的绯闻。曾有好事者撮合过两人之间的姻缘，桑弧比张爱玲小一岁，生性内向拘谨。朋友们认为张爱玲单身，桑弧未婚，两人倒是一对佳偶，便从中撮合。据龚之方回忆："张爱玲对我这个提议的回答不是语言，而是摇头、再摇头、三摇头，意思是不可能，叫我不要再说了。"龚之方碰了个软钉子，面色十分难堪，只好灰溜溜地告辞。有了这番经历，龚之方得出结论是："当时上海的小报很多，他们谈话较随意，有的出于猜测，有的有些戏谑，这却是十足地冤枉了桑弧了。"

　　但是在《小团圆》中，张爱玲对她与桑弧之间的爱情描写是石破天惊。这当然有个铺垫，首先她与桑弧举止开始亲密：
"连下了许多天的雨。她在笔记簿上写道：'雨声潺潺，像住在溪边。宁愿天天下雨，以为你是因为下雨不来。'

"她靠在藤躺椅上，泪珠不停的望下流。

"'九莉，你这样流眼泪，我实在难受。'燕山俯身向前坐着，肘弯支在膝盖上，两手互握着，微笑望着她。

"'没有人会像我这样喜欢你的，'她说。

"'我知道。'

"但是她又说：'我不过是因为你的脸，'一面仍旧在流泪。

"他走到大圆镜子前面，有点好奇似的看了看，把头发往后推了推。

"她又停经两个月，这次以为有孕——偏赶在这时候！——没办法，只得告诉燕山。

"燕山强笑低声道：'那也没有什么，就宣布……。'

"她往前看着，前途十分黯淡，因又流泪道：'我觉得我们这样开头太凄惨了。'

"'这也没有什么，'他又说。

"但是他介绍了一个产科医生给她检验，是个女医生，广东人。验出来没有孕，但是子宫颈折断过。

"想必总是与之雍有关，因为后来也没再疼过。但是她听着不过怔了一怔，竟一句话都没问。一来这矮小的女医生板着一张焦黄的小长脸，一副'广东人硬绷绷'的神气。也是因为她自己对这些事有一种禁忌，觉得性与生殖与最原始的远祖之间一脉相传，是在生命的核心里的一种神秘与恐怖。

"燕山次日来听信，她本来想只告诉他是一场虚惊，不提什么子宫颈折断的话，但是他认识那医生，迟早会听见她说，只得说了，心里想使他觉得她不但是败柳残花，还给蹂躏得成了残废。

"他听了脸上毫无表情。当然了，幸免的喜悦也不能露出来。"

即便在《小团圆》中，九莉与燕山最终仍然不了了之。燕山跟一个小女伶结婚了，一家改良过的小报还登一些影剧人的消息，有一则报道是"燕山雪艳秋小夫妻俩来报社拜客"。燕山还怕九莉看到深受刺激，托人到报社说了，以后不要登他们私生活的事。

1949 年之后，桑弧进入上海电影制片厂，他后来拍摄了许多描写小人物悲欢离合的作品，比如鲁迅的小说《祝福》，经他之手拍成电影之后，成为中国电影的经典之作，获得了一些国际大奖。他成为中国著名导演，与茅盾、夏衍等人过从甚密，但他从此对张爱玲只字不提。张爱玲研究专家陈子善很好奇，跑到他家想问下究竟。桑弧"很小心，很机警"，陈子善问不出所以然，又去问桑弧的儿子、以前在华中师大的前同事李亦中，李亦中对此一无所知。这很符合这个孤儿出身的男人谨小慎微的性格，对世事他向来三缄其口，包括与他热恋过的张爱玲。

# 冯亦代： 冯二哥也叫疯二哥

在我的想象中，冯亦代与张爱玲是两股道上跑的车：一个像个五大三粗的蛮汉，黑白通吃，热情似火，那团火光灼热烫人，烧得人难受；一个闭门不出或者深居简出，不食人间烟火，冷若冰霜，那种对人世的冰冷与绝望也同样令人难受。这一男一女是两个世界的人，不可能有交集。但是生活不是想象，应该有交集的人偏偏不能交集，不该有交集的人偏偏有交集。因为，毕竟他们都有同一种爱好：以文字安身立命。

冯亦代与张爱玲有过一面之缘，那得益于他的朋友桑弧。桑弧这个人是个老好人，冯亦代人称冯二哥，叫着叫着就变成了疯二哥——能得到这样亲切的称呼，可见他的人缘之好。虽然这个绰号并不一定就能代表他，但是起码也反映了他的一个侧面。

年轻时的冯亦代

这个从小没娘的孩子，其母楼文光曾留学日本，28 岁时生下他，一个多月后患产褥热去世。他说从记事以来仅从照片上认识母亲，他的一切全靠自己赤手空拳打拼。他在上海沪江大学就读工商管理专业，大二时结识英文剧社成员郑安娜。他曾回忆说："和一个英文天才结婚，不搞翻译才怪。"1938 年，25岁的冯亦代结识浙江同乡、著名诗人戴望舒。戴望舒说："你的散文还可以，译文也可以，你该把海明威那篇小说（指《第五纵队》）译完。不过，你成不了诗人，你的散文倒有些诗意。"戴望舒一席话让他茅塞顿开，从此将翻译作为自己事业的方向。虽然以笔为生，但性格中的豪爽与大气却一览无余，这表现在他为人很仗义，对钱财看得很轻，对朋友看得很重，而且黑白通吃，路路通。所以他的人脉极广，尤其在影视圈人缘极好，与赵丹、黄宗江是莫逆之交。在重庆文艺界谁没钱、没饭吃、没地方栖身都找他想办法。他和郑安娜两人过日子，吃饭总是拉开八仙桌，日日高朋满座。要知道那时候是在抗战，他身为国民党中央信托局重庆印刷厂的副厂长，也就是造币厂副厂长。这个职位十分显赫，而且频繁与国民党内军统、中统，还有青洪帮、袍哥打交道，黑道中的"吃讲茶""折肩胛""叙金兰"他样样门槛精，三教九流均被他打点得滴水不漏。一位受过他资助的袍哥在道内被尊称"龙头大哥"，他屈居老二，"冯二哥"就渐渐叫出名了，叫着叫着，就成了"疯二哥"。

与张爱玲相会缘于桑弧安排，邀请他来参加园游会。这次园游会也可以说是桑弧特地为张爱玲"私人订制"——那时候抗战刚刚胜利，胡兰成出逃，张爱玲汉奸之妻名声传遍海上。面对外界的议论与批评，张爱玲度日如年，只好夹着尾巴做人。即便如此她也得不到大家原谅，从1945年8月开始，直至1947年4月，一年多的时间里，张爱玲未在任何刊物上发表作品。柯灵在《遥寄张爱玲》一文中说："张爱玲也在经受考验，内外交困的精神综合征，感情上的悲剧，创作繁荣陡地萎缩，大片的空白忽然出现，就像放电影断了片。"更重要的是，她是以写作为生，不发表作品就没有了收入，她的生活就难以为继。就在张爱玲人生失意至极时，桑弧出现在她的身边，拉了她一把。他十分欣赏她的创作才华，鼓励她从事编剧工作，并且亲自到张爱玲家里来说服她，帮助她跨过人生的低潮。张爱玲犹豫了很久才答应下来。桑弧安排妥当一切事务后，邀请张爱玲进入文华影业公司做编剧，并精心为张爱玲策划了一场文华公司园游会，邀请了不少名人参加，尤其是抗战胜利之后从大后方重庆回到上海的文坛前辈们，一方面替她造势打气，另一方面开导她，希望她重新拿起笔来，迎来事业第二春。冯亦代也是这次被邀请的名人之一。

那次园游会张爱玲是绝对的主角，是桑弧眼里海上文坛第一才女，他格外高看一眼。而冯亦代黑白通吃、为朋友两肋插刀的气概深深折服了他，他献宝似的将张爱玲引到冯亦代面前："来来来，二哥，这个就是我多次在你面前提到的张爱玲小姐。"冯亦代非常豪爽，向张爱玲热情地伸出手："幸会幸会。"桑弧补充说："这是二哥冯亦代。"张爱玲的大名如雷贯耳，冯亦代早就耳熟能详，而冯亦代的大名张爱玲也时常在报纸杂志上见到，两人当下坐在一起交流起来。冯亦代坦诚地看着张爱玲："张小姐的小说受《红楼梦》《海上花列传》的影响较深，不知道张小姐除了古典小说外，对国外的作家作品是否也怀有兴趣？"冯亦代就有那种本事，他的坦荡目光一下子就化解了张爱玲的拘谨，她告诉冯亦代："外国作家中，很喜欢毛姆。"冯亦代说："对，能看得出来，你在《紫罗兰》发表的《沉香屑·第一炉香》和《沉香屑·第二炉香》，里面有毛姆的影子。"张爱玲点点头："对，我是毛姆的爱好者，读过毛姆的许多小说，差不多读遍了毛姆。"冯亦代说："被称为毛姆四部曲的《剃刀边缘》，真是一部好小说。人们提起毛姆只提《月亮和六便士》，以及《人性的枷锁》，很少提到《剃刀边缘》，不知道张小姐看过这部小说没有？"张爱玲说："我还没有读到这部小说，听冯先生这样一说，我倒是很想看看。"冯亦代说："我家里就有这部小说，明天我托人捎给张小姐，你一定要读一读它。"张爱玲

冯亦代与黄宗英

当即谢过冯亦代，这时候园游会开始，张爱玲与冯亦代私下交流到此为止。

当天晚上冯亦代赶回家就寻找这本《剃刀边缘》，但是找了半天没有找到。问他的爱人郑安娜，她也不知道。冯家成天高朋满座，来来往往的都是文朋诗友，顺手牵羊带走他一本书是很平常的事。冯亦代对此也不会计较，只是这一次答应借书给张爱玲，他食言了。

1949 年后冯亦代留在中国，他的经历我们可以想象："文革"期间，冯亦代被打成美蒋特务、死不悔改的右派，被隔离审查四年，后来下放到湖北沙洋"五七干校"，从事力所不能及的沉重苦役，使双脚变形，健康大受影响。在监督劳动中突发脑血栓，抢救后从此留下伤残。

1979 年之后冯亦代重新返回文坛，创办了《读书》《中国作家》等著名杂志。在结发之妻郑安娜去世后，80 岁高龄的冯亦代与年近 70 岁的著名演员黄宗英结为伉俪。20 世纪 80 年代他访问美国，想到了四十年不见面的朋友张爱玲。通过热心朋友帮忙，他联系到了张爱玲，只是日程安排紧迫，他们错过了这次见面机会。晚年的张爱玲一人独居，极少会客。而她之所以答应与冯亦代见面，主要还是看在多年前在上海与他有过"一面之缘"，但是他们终究无缘相见。

　　2001 年冬天，诗人北岛从国外回来，见了冯亦代最后一面："所有病房首先让我想到的是冰窖，连护士的动作都变得迟缓，好像也准备一起进入冬眠。一见冯伯伯平躺着的姿势，心就往下一沉，那是任人摆布的姿势。听说他已中风七次，这是第八次。是什么力量使他出生入死而无所畏惧？黄阿姨抚摸着冯伯伯的额头，亲昵地呼唤：'二哥，我来了。'冯伯伯慢吞吞睁开眼，目光痴呆，渐渐有了一点儿生气，好像从寒冬中苏醒。就在这时候他看见了我，先是一愣。我俯向床头，叫了声'冯伯伯'。他突然像孩子一样大哭起来，这下把我吓坏了，生怕再引起中风，慌忙退出他的视野。周围的人纷纷劝慰他，而他嚎哭不止，撕心裂肺。他从床单下露出来的赤脚，那么孤立无援。"

## 唐大郎：爱出洋相的"小报状元"

　　张爱玲爱看小报，唐大郎爱办小报，两个人同在上海，没有道理不成为朋友。据说唐大郎满嘴脏话，虽说被人称为洋场才子和小报状元，却是个玩世不恭、爱出洋相的上海小赤佬，在文章中指名道姓写出"我操你的祖宗"这样的污言秽语。据说他是京剧票友，常常上台票戏，情不自禁时会搂着合演的女伶不放，穷形怪相，引得全场大笑。他站到台口，用上海话向观众大声说："×伊拉，有啥好笑，你上来试试。"引得全场哄堂大笑，他却越发得意忘形。他平时说话也口没遮拦，戏谑人、挖苦人不留余地。按说这种人张爱玲应该敬而远之。可是恰恰相反，他们常常在一起吃饭、聊天，这可能源自他们共同的爱好：小报。张爱玲从不避讳自己就是个"小报作家"，对张恨水在上海小报上连载的那些市民小说趋之若鹜。他们一家好像都是小报最忠实的读者，当时家里订了许多小报，每天下午小报送达，她和母亲抢着看。母亲坐在马桶上看小报，看到精彩处就大声读出来。张爱玲就靠在卫生间门上听着，然后与母亲大笑起来。她的父亲房间里永远堆着大堆的小报，以至于只要一看到大摞大摞的小报，她就有一种回家的感觉。

唐大郎曾写过一篇文章《见一见张爱玲》，他从太太枕边看到了张爱玲的《传奇》一书，一看就放不下去，然后特别想见一见张爱玲。唐大郎与他的一位姓李的好朋友谈起张爱玲，李先生说："巧了，张爱玲是我的表妹，在一起吃顿饭没问题，我来联系。"唐大郎十分兴奋，就等着见一见张爱玲。但是李先生联系张爱玲后，张爱玲却推托说，她姑姑病了，她正在伺候病人，分不开身。得到消息后唐大郎想起海上文坛关于张爱玲的种种传说，叹了一口气，说："她深藏着她的金面，老不肯让人瞧一瞧的。"既然同在上海，张爱玲又不可能总是躲在铁柜里，见面的机会总是有的。不久，他们就相识了，并成为气味相投的朋友。这对唐大郎来说是很简单的事，但是对于张爱玲来说，却相当不容易。

日本人投降后，张爱玲成为女汉奸，有老鼠过街人人喊打的架势。她非常无奈，又没有办法，只好搁笔不写，让世人忘记她。但是一个天才作家从此销声匿迹，毕竟不是办法，朋友们看不下去，包括唐大郎。唐大郎帮助张爱玲出版了《传奇》（增订本），还特别要她说几句话，为自己辩白："我自己从来没想到需要辩白，但最近一年来常常被人议论到，似乎被列为文化汉奸之一，自己也弄得莫名其妙。我写的文章从来没有涉及政治，也没有拿过任何津贴。想想看我惟一的嫌疑要么就是所谓'大东亚文学者大会'第三届曾经叫我参加，报上登出的名单内有我；虽然我写了辞函去，（那封信我还记得，因为很短，仅只是：'承聘为第三届大东亚文学者大会代表，谨辞。张爱玲谨上。'）报上仍旧没有把名字去掉。

"至于还有许多无稽的谩骂，甚而涉及我的私生活，可以辩驳之点本来非常多。而且即使有这种事实，也还牵涉不到我是否有汉奸嫌疑的问题；何况私人的事本来用不着向大众剖白，除了对自己家的家长之外仿佛我没有解释的义务。所以一直缄默着。"

《传奇》（增订本）是由龚之方与唐大郎合作创办的山河图书公司出版的，据沈鹏年《行云流水记往》书中说，唐大郎不但请上海著名的书法家邓散木为此书题写封面，还怂恿张爱玲写了《有几句话同读者说》刊于卷首，公开辟谣。

唐大郎原名唐纪常，字云旌，大郎是他的笔名，1908 年 8 月 23 日出生在上海嘉定一户破落的书香之家。早年丧父，17 岁时舅舅介绍他进中国银行当练习生。他是一个心灵手巧、聪明绝顶的人，不久学得拿手绝活：点钞，手指轻轻拨动，一沓沓钞票在指尖沙沙作响。在一次全行点钞的比赛中，他获得第一名。此时的上海滩，各类报纸杂志如雨后春笋，因为爱好写作，他辞职进入了《东方日报》。《东方日报》是上海滩上的一家著名小报，在上海新闻界具有雅俗共赏、喜闻乐见等浓厚的海派特色。大郎在这里如鱼得水，编报之余，读书、写稿、赴宴、看戏、评弹、跳舞、打牌、会友，还客串演话剧、拍电影，活得有声有色。更重要的是，他在这里结识了一生的朋友：龚之方。龚之方在《东方日报》编电影版，他俩一直合作，形影不离，成为老搭档。当时吴祖光用北京话说他俩是一副眼镜儿，意思是两人连在一起不能分开。后来两人共同创办小报《光化日报》。为该报提供资金的，是当时打入敌伪从事地下工作的李时雨。张爱玲的佚文《天地人》，便是发表在 1945 年 4 月 15 日《光化日报》上。

《光化日报》出版时间不长即遭停刊，这时候唐大郎手中仍有《光化日报》余存的资金、纸张，与龚之方商量，两人决定改出期刊。《海风》周刊于 1945 年 11 月创刊，逢周六出版，一种新型的媒体——周刊在中国第一次出现。据说，龚之方为所出期刊构思开本时，将一张白纸折来叠去，无意中正好折成 12 页，裁剪后可用骑马钉钉成一册，而这样一本小册子容纳的文字、图画，又与一份对开报纸差不多，便决定以 12 开的长方形作为新办期刊的版式。这种所谓"方形周刊"一出，马上在上海泛滥一时，引领风潮。据不完全统计，当时类似的杂志就有 92 种之多。一年后《海风》又遭停刊，原因是刊登夏衍用化名写的几篇反内战文章，被人告密，当局认定这是"地下党打进小报界"。

在当时的上海，对媒体的管制总的来说比较宽松。报刊被查封后，你可以换个刊名再办新刊。唐大郎是个对政治毫不关心的人，有时甚至对自己的前途也漠不关心。可是，他的才华和他在文艺界的交游、影响，受到了共产党派到上海工作的夏衍的重视。龚之方在共舞台前楼有个很精致的写字间，唐大郎经常去玩，文艺界的一些朋友也经常出入。到40年代后期，这里成了共产党联系进步文艺界人士的联络点。这一时期他与龚之方还先后创办了《光华日报》《小声报》《清明》《大家》《七月谈》等众多报纸杂志。他们办一个就被国民党查封一个，虽然被封得一个不剩，但是唐大郎毫不气馁，继续创办。他自己还向人说过一个故事：有一年某大佬丑闻外泄，几家小报准备同时刊登。当事人急了，求他们笔下留情，转弯抹角托人找到唐大郎，希望他这个"小报状元"出面摆平。大佬出手就是24根大金条，用作场面上花销。唐大郎也不客气，照收不误。从中拿了2根就把事情摆平，余下22根金条他拿去赌博，一夜之间输了个精光。有人分析说，这是一个穷光蛋的逆反心理。他自己也写诗说：穷极还应奢亦极，与人挥手斗黄金。

时间的节点到了1945年5月，上海解放，夏衍担任上海市军管会文化教育委员会副主任、中共上海市委宣传部部长。在夏衍的安排下，唐大郎与龚之方分别创办了两份小报：《大报》和《亦报》。唐大郎此时又想到了沉寂多年的张爱玲，与张爱玲联系让她继续写反映新生活的小说，写那种张爱玲认为"她的冤仇有海样深"的小说。张爱玲答应了，化名梁京在《亦报》发表长篇小说《十八春》，连载了差不多一年。在《十八春》刊出前三天，《亦报》就发出预告，强调《十八春》是"名家小说"。连载前一天，又发表桑弧署名"叔红"的文章《推荐梁京的小说》："我读梁京新近所写的《十八春》，仿佛觉得他是在变了。我觉得他的文章比从前来得疏朗，也来得醇厚，但在基本上仍保持原有的明艳的色调。同时，在思想感情上，他也显出比从前沉着而安稳，这是他的可喜的进步。"

《十八春》连载完后的第二天，唐大郎就去看张爱玲，随后马上刊发《访梁京》一文，告知读者俟《十八春》修订好后，《亦报》马上出单行本。八个月之后的 1951 年 10 月 31 日，《亦报》又以显著地位刊出"梁京继《十八春》后新作中篇小说《小艾》日内起刊"的预告，四天后《小艾》正式连载，至1952 年 1 月 24 日刊毕。而就在这一年的夏天，张爱玲感到国内气氛越来越不对味，以求学之名远遁香港。

唐大郎在这一年年底将《亦报》并入新创办的《新民晚报》，他也入主《新民晚报》主编副刊《繁花》。《新民晚报》在"文革"时停刊，此时他到了退休年龄。1980 年，停刊了 16年的《新民晚报》筹备复刊，唐大郎受命组织副刊班子。正当复刊工作一天比一天紧张的时候，他意外查出食道癌晚期，不久病逝，终年 73 岁。

# 夏衍： 左联里的一条汉子

　　张爱玲做人还是有分寸、有底线的，一个所谓的"大东亚文学者大会"邀请她参加，在报上登出的名单内有她的名字，她马上写去了辞函。但上海召开第一届文代会，她却参加了。柯灵后来在《遥寄张爱玲》中写道："一九四九年，在张爱玲看来，对她无疑是灾难。但事实不像她设想的那么坏，抗战胜利初期对她喧闹一时的指责早已沉静。天翻地覆的大变革吸引着亿万人的注意——没有什么比这更大的事了。一九五〇年，上海召开第一次文学艺术界代表大会，张爱玲应邀出席。"

　　以张爱玲当时敏感的身份，她能参加这个级别很高的文代会，宣传部门确实对她高看一眼。作为"汉奸妻"，她自抗战结束后夹着尾巴做人已经很多年。出席上海市第一届文代会，对她今后的生活无疑大有裨益。从某种角度来说，这次会议对她是一次政治上的翻身或解放。这一点从人们对她的态度上就可以看出。某天她从会场回来，公寓门房的那个开电梯的女人见到她马上变得非常客气。张爱玲十分奇怪，电梯女工马上说："张同志，我们在报上看到你的名字了。"张爱玲吃了一惊，忙问她："什么报啊？"她说："《解放日报》啊，各居委会、楼道都要求订了呀，你不是出席了上海第一届文代会吗？你是代表呀，我们知道的。陈毅市长和夏衍部长也参加了，光荣啊。"张爱玲急切地说："我看看。"女人从门房取出报纸，是7月24日的《解放日报》，上面列着一个版的代表名单。张爱玲在"文学界"一栏下，很快找到"梁京"的名字，在"梁京"后面，用钢笔画了等号，后面是手写的"张爱玲"三个字，肯定是这个女人的手笔了。张爱玲说："我拿回去给姑姑看一下，马上还你。"那个女人说："你拿回家好了，我们看过了，不要了，你留着吧。邀请你参加文代会，陈市长还在上面作了报告，实在是不得了的荣誉。"

张爱玲拿着《解放日报》回了家，和姑姑仔细看着那密密麻麻的代表名单：组长：赵景深；副组长：陆万美、赵家璧；组员：周而复、潘汉年、沈起予、叶籁士、姚蓬子、程造之、谷斯范、刘北汜、平襟亚、梁京……

姑姑放下报纸："我不大看书看报，这里面的人名有很多我都知道，大多数都熟知，只有几个不认识。看来，夏衍先生还真把你当人物来看。"

张爱玲的姑姑张茂渊说得一点没错，张爱玲能出席上海市

老上海时代的夏衍

第一届文代会，正是夏衍大力推荐的结果，这一点在柯灵《遥寄张爱玲》中也有记录："老作家夏衍是张爱玲的读者之一，抗战结束，夏衍从重庆回到上海，就听说沦陷期间出了个张爱玲，读了她的作品；一九四九年后，他正好是上海文艺界的第一号人物。这就是张爱玲出现在文代会上的来龙去脉。夏衍从不讳言自己爱才，上海电影剧本创作所成立，夏衍亲自兼任所长，我被委任为他的副手。他告诉我，要邀请张爱玲当编剧，但眼前还有人反对，只好稍待一时。我来不及把消息透露给张爱玲，就听说她去了香港。夏衍一片惋惜之情，却不置一词。后来夏衍调到文化部当了副部长，我还在上海书店的书库里，购了《传奇》和《流言》，寄到北京去送给他。"

作为"四条汉子"之中的一条汉子，夏衍曾经在白色恐怖的上海为左联努力卖命地工作过，当时的中共就是靠着"四条汉子"来代表中共领导上海文艺界。可是在"四条汉子"之上，还有一条硬汉，他就是左联众望所归的盟主——鲁迅。作为新文化运动主将，鲁迅虽然不是共产党员，但与共产党一直保持着良好的关系。当时的上海是国民党的天下，国民党面对日益扩大的左翼文化阵营，"围剿"手段已由单纯地检查书报、电影和封闭书店发展到采用暗杀、绑架等。1934 年 6 月至 10 月，上海中央局两次遭破坏。在这种严峻形势下，夏衍、周扬等依然在寻找机会，向鲁迅汇报工作。

1934 年深秋的一天，当时左联的四名成员阳翰笙、周扬、夏衍、田汉在内山书店与鲁迅见面。这次会面，在鲁迅《答徐懋庸并关于抗日统一战线问题》中这样描写："去年的有一天，一位名人约我谈话了，到得那里，却见驶来了一辆汽车，从中跳出四条汉子：田汉、周起应，还有另两个，一律洋服，态度轩昂，说是特来通知我：胡风乃是内奸，官方派来的……这真使我口呆目瞪。再经几度问答之后，我的回答是：证据薄弱之极，我不相信！当时自然不欢而散……""四条汉子"的称谓从此传开。

上海沦陷后夏衍远赴重庆，一直到 1949 年才重返上海。听说沦陷时期上海出了个张爱玲，他十分惊喜，邀请她出席文代会只是一次试探，很快他便安排张爱玲随上海文艺代表团到苏北农村参加土地改革工作。这两个月的深入生活，是她和中国大众距离最近的一段历程，也是距离"她自己"最远的一个时期，她所看到的"贫穷落后""过火斗争"与当时要求的"写英雄""歌颂土改"相去甚远，她在写、不写、写什么之间困惑不已。她在《写什么》一文中说："有个朋友问我：'无产阶级的故事你会写么？'我想了一想，说：'不会。要末只有阿妈她们的事，我稍微知道一点。'后来从别处打听到，原来阿妈不能算无产阶级。幸而我并没有改变作风的计画，否则要大为失望了。""为什么常常要感到改变写作方向的需要呢？因为作者的手法常犯雷同的毛病，因此嫌重复。以不同的手法处理同样的题材既然办不到，只能以同样的手法适用于不同的题材上——然而这在实际上是不可能的，因为经验上不可避免的限制。有几个人能够像高尔基像石挥那样到处流浪，哪一行都混过？其实这一切的顾虑都是多余的罢？只要题材不太专门性，像恋爱结婚，生老病死，这一类颇为普遍的现象，都可以从无数各各不同的观点来写，一辈子也写不完。如果有一天说这样的题材已经没的可写了，那想必是作者本人没的可写了。即使找到了崭新的题材，照样的也能够写出滥调来。"

张爱玲所说的"滥调"没有找到，她观望了好几年，发出预言："已经在破坏中，还有更大的破坏要来。"夏衍一心想请张爱玲来电影创作所做编剧，龚之方回忆说，这件事夏衍同柯灵说过，也同他说过。有一次他受夏衍的委托去看张爱玲，把这层意思转告她。夏衍并要龚之方婉转问她日后有什么打算，会不会出国。张爱玲没有给龚之方正面答复，只是笑而不答，似乎正在考虑这个问题。

龚之方把这段经过告诉了夏衍，后来夏衍认为时机成熟，又找唐大郎去面告张爱玲。可惜她的姑姑说，张爱玲已经走了，又说她们相约不联系的，不知道她在香港的地址。夏衍闻听后十分惋惜，据说后来还托人传话给在香港的张爱玲，劝她回来。但是张爱玲铁了心，再不肯回头。

# 相见欢

香港，1952.7 — 1955.11

　　宋淇、邝文美夫妇在香港居住的公寓楼，张爱玲来到香港，以及后来由台湾辗转停留在香港创作剧本，均在此长期居住过。

# 佛朗士： 既造房子又养猪的英国佬

虽然《小团圆》只是小说，不可能等同于回忆录，但是《小团圆》的纪实性不容置疑，太多的细节与张爱玲的人生经历对得上号——比如这个叫佛朗士的英国教授，有人甚至考证出他是张爱玲的初恋情人，他与张爱玲有过一段师生恋。此说好像并非空穴来风，张爱玲一向是大叔控，从胡兰成到赖雅，年龄都比她大上一大截，这个佛朗士当然也不例外，他符合做张爱玲情人的一切特征：大龄、斯文、博学、特别。只是这段师生恋多半是张爱玲的单相思，但是佛朗士这个既造房子又养猪的英国佬，确确实实影响了张爱玲的一生。

1938 年，张爱玲以远东地区第一名的成绩考入英国伦敦大学，结果，日本侵华的炮火阻断了她的求学之路，她只好于1939 年转入香港大学。在港大，她发奋读书，门门功课都考第一名。教她的一名教授叫佛朗士，私人奖励了她 800 元港币作为奖学金。她得意扬扬，拿着这笔钱到母亲面前去显摆，结果这笔对她来说是巨款的 800 元竟然被母亲在麻将桌上输掉。张爱玲的痛心可想而知，正如《小团圆》里的那句话："唯一的感觉是一条路走到了尽头。"

没有人知道，她对佛朗士的好感早在奖给她 800 元港币前就有了，《小团圆》中描写得很详尽，不过将他的名字改为安竹斯："安竹斯也喝酒，他那砖红的脸总带着几分酒意，有点不可测，所以都怕他。已经开始发胖了，漆黑的板刀眉，头发生得很低，有个花尖。"

后面写道：

"有一次在安竹斯办公室里上四人课，她看见书橱里清一色都是《纽约客》合订本，不禁笑道：'这么许多《纽约客》!'有点惊异英国人看美国杂志。

"安竹斯随手拿了本给她。'你要不要借去看？随时可以来拿，我不在这儿也可以。'

"从此她总是拣他不在那里的时候去换，没多久一橱都看完了。抽书是她的拿手，她父亲买的小说有点黄色，虽然没明说，不大愿意她看，她总是乘他在烟铺上盹着了的时候蹑手蹑脚进去，把书桌上那一大叠悄悄抽一本出来，看完了再去换。

"安竹斯的奖学金，她觉得只消写信去道谢，他住得又远，但是蕊秋一定要她去面谢，只得约了同班生赛梨陪着去，叫了两辆黄包车，来回大半天的工夫。她很僵，安竹斯立刻露出不耐烦的神气，只跟赛梨闲谈了几句，二人随即告辞出来。

"赛梨常说安竹斯人好，替他不平，气愤愤的说：'其实他早该做系主任了，连个教授都没当上，还是讲师！'

"他是剑桥出身，仿佛男色与左倾是剑桥最多。九莉有时候也想，不知道是否这一类的事招忌。他没结婚，不住校园里教授都有配给的房子，宁可大远的路骑车来回。当然也许是因为教授住宅区窒息的气氛。他显然欣赏赛梨，上课总是喜欢跟她开玩笑。英国尽多孤僻的老独身汉，也并不是同性恋者。此外他常戴一根红领带，不过是旧砖红色，不是大红。如果是共产党，在讲台上的言论倒也听不出，尽管他喜欢问一八四八，欧洲许多小革命纷起的日期。"

就是这个安竹斯给盛九莉寄来一个邮包，里面是一些大小不等的钞票，一共 800 块。安竹斯还附了一封信，说知道她没有拿到奖学金，这是他自己给她的一个小奖学金，如果明年她能保持这样的成绩，相信她一定能够得到奖学金。盛九莉的激动可想而知。在母亲眼里，她从小就是一个白痴一样的人，母亲曾经痛骂她："你活着就是害人！"能得到安竹斯的奖励她简直欣喜若狂，更重要的是这种单纯的师生情谊不含任何杂质，所以蕊秋以世俗的眼光要求九莉亲自登门去向安竹斯教授当面致谢，结果"安竹斯立刻露出不耐烦的神气"，他或她都不能面对那种面对面的难堪，事情一刹那就变得怪异起来。

其实更早在《烬余录》中，张爱玲就写到过安竹斯，那是纪实散文，她用的是他的真名佛朗士："佛朗士是一个豁达的人，彻底地中国化，中国字写得不错（就是不大知道笔划的先后），爱喝酒，曾经和中国教授们一同游广州，到一个名声不大好的尼庵去看小尼姑。他在人烟稀少处造有三幢房屋，一幢专门养猪。家里不装电灯自来水，因为不赞成物质文明。汽车倒有一辆，破旧不堪，是给仆欧买菜赶集用的。

"他有孩子似的肉红脸，磁蓝眼睛，伸出来的圆下巴，头发已经稀了，颈上系一块暗败的蓝字宁绸作为领带。上课的时候他抽烟抽得像烟囱。尽管说话，嘴唇上永远险伶伶地吊着一支香烟，跷板似的一上一下，可是再也不会落下来。烟蒂子他顺手向窗外一甩，从女学生蓬松的鬈发上飞过，很有着火的危险。

"他研究历史很有独到的见地。官样文字被他耍着花腔一念，便显得十分滑稽，我们从他那里得到一点历史的亲切感和扼要的世界观，可以从他那里学到的还有很多很多，可是他死了——最无名目的死。第一，算不了为国捐躯。即使是'光荣殉国'，又怎样？他对于英国的殖民地政策没有多大同情，但也看得很随便，也许因为世界上的傻事不止那一件。每逢志愿兵操演，他总是拖长了声音通知我们：'下礼拜一不能同你们见面了，孩子们，我要去练武功。'想不到'练武功'竟送了他的命——一个好先生，一个好人。人类的浪费……"

《烬余录》没有提到他与她的关系，只说这个佛朗士既造房子又养猪，家里不装电灯也不用自来水，不赞成物质文明，唯一的一辆破汽车是给用人赶集买菜的。因为在中国待得太久了，佛朗士已经彻底中国化。

　　张爱玲写到他的死时没作任何铺垫，更不见情感描述，她就是这样理智、节制的人，她对他的欣赏就在字里行间，我们都能感受得到。但是无论小说中的安竹斯也好，还是生活中的佛朗士也好，他们都不会多情，对女学生张爱玲的情感也不会比对别的女生更多一点，事情仅仅止于那自己掏腰包的 800 元奖学金，没有再多余的附加。这种表面看起来的"不喜欢"才是最有意思的，那么平淡、平实，仿佛从来不曾发生过，只有张爱玲自己知道她内心深处的涟漪。她说过这样的话，爱一个人能爱到跟他拿零花钱的程度，真是很严格的检验。以张爱玲的性格而言，收一个人的钱而不感到压力，那也说明她是真的喜欢他，喜欢这个既造房子又养猪的英国佬。但是他死了，而且死得那么荒诞，像他们无疾而终的情感："我们得到了历史教授佛朗士被枪杀的消息——是他们自己人打死的。像其他的英国人一般，他被征入伍。那天他在黄昏后回到军营里去，大约是在思索着一些什么，没听见哨兵的吆喝，哨兵就放了枪。"

# 麦卡锡：是贵人，也是干爹

张爱玲一生说命坏也是坏到极点，嫁了两个男人都不是什么好男人；说命好也好到极点，到处有贵人相助——这个美国驻香港总领事馆新闻处（简称"美新处"）负责人理查德·麦卡锡，就是她生命中的贵人。

也许是民国时代人伦道德环境使然，也许是文学天赋的才情所致，张爱玲与胡兰成一样，无论走到哪里都有贵人相助。张爱玲还好说，才华过人，一红惊天，人们对才女总是会另眼相待。胡兰成就不同了，他早年就是苦出身，文才并不高，作品什么的当时根本谈不上，可是到哪儿也总都遇上好人：失业在家，到处流浪，在杭州斯太太家吃吃喝喝过了一年，每餐饭都有人相陪，每月还有零花钱用，这样的事搁现在简直是天方夜谭。问题是他吃着住着还不消停，还想勾引人家大小姐，结果被人相当礼貌地"赶"出家门。他在外绕了一圈，无处可去，竟然又回到斯家白吃白喝。斯太太也像什么事都没有发生过，和从前一样好茶好饭待他。他一生遇到这样的好人好事不是一次两次：温州的刘景晨、香港的唐君毅、台湾的朱西宁、日本的池田笃纪，包括后来绝交的汪精卫，他最初起家也就是靠着汪精卫的慧眼识珠。这样的好人好事没有办法解释，我只能说是民国的风气使然，做人都有底线，对文化格外敬重，才让张爱玲与胡兰成即便走投无路，也总会有温暖的手伸出来，让她或他安全涉过人生的沟沟坎坎。

1952 年张爱玲以续读港大之名来到香港，那时候她已经三十开外，并且走红多年。以这样的年龄与心态再走进校门听年轻的教师跟她讲文学创作，这是任何人也无法接受的事实。更何况她的经济状况相当糟糕，求职成了当务之急。当时麦卡锡就在美国驻香港总领事馆新闻处任负责人，负责实施一项规模庞大的"中国报告计划"。麦卡锡多年以后告诉记者，该计划包括报纸新闻记事的制作与传播、杂志专题报道、电台难民访问，以及学术论文。《秧歌》另当别论。我们也有正常的美新处业务：图书馆、文化交流、福勃莱特学者交换计划、每日首府新闻存档、为美国之音汇报等等。还有大规模的美国书籍中译计划，包括梭罗、爱默森、福克纳、海明威等经典作品。为此，我们请爱玲翻译，此为结识的开端。她为我们翻译了三四本书，她的海明威中译立即被称许为经典。

为了招聘到最好的翻译，美新处在报纸上刊登了招聘广告，

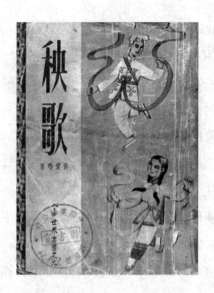

张爱玲小说《秧歌》香港版封面

令他们没有想到的是，在报名的名单中，竟然有大名鼎鼎的女作家张爱玲，这让麦卡锡喜出望外。要知道，麦卡锡也是一位文学爱好者，也可以说是一位张爱玲的粉丝。

麦卡锡在北平工作期间读到张爱玲的小说，大为惊艳。他曾经尝试过创作小说，并且一写就是两部。结果小说锁入抽屉，他自己都没法看下去。他对记者说，必须自己动笔写小说，才知道好作家是多么了不起。他一生最崇拜两位作家，一位是张爱玲；一位是美国诗人罗伯特·弗罗斯特，曾于 1924 年、1931年、1937 年、1943 年四度获普利策诗歌奖。张爱玲一生最重要的朋友宋淇当时也在美新处工作，他在信中也佐证了麦卡锡的记忆："我入美新处译书部任职，系受特殊礼聘，讲明自一九五一年起为期一年，当时和文化部主任 Richard M. McCarthy（麦君）合作整顿了无生气的译书部（五年一本书没出）。在任内我大事提高稿费五、六倍，戋戋之数永远请不动好手。找到合适的书后，我先后请到夏济安、夏志清、徐诚斌主教（那时还没有去意大利攻读神学）、汤新楣等名家助阵。不久接到华盛顿新闻总署来电通知取得海明威《老人与海》中文版权，他和我商量如何处理。我们同意一定要隆重其事，遂登报公开征求翻译人选，应征的人不计其数，最后名单上赫然为张爱玲。我们约她来谈话，印象深刻，英文有英国腔，说得很慢，很得体，遂决定交由她翻译。"

宋淇一直工作在上海，作为来自上海的文化人，他们夫妇对张爱玲的作品、事迹非常熟悉，只是没有见过张爱玲。他们的朋友，从夏志清到傅雷，全与张爱玲有过交往。意外在香港结识张爱玲，宋淇与麦卡锡一样喜出望外。张爱玲就这样进入美新处，但是她不是正式雇员，是以项目合作的作家。在完成了《老人与海》的翻译之后，张爱玲与美新处继续合作，创作出了两部在后世影响深远的长篇小说《秧歌》与《赤地之恋》。

外界一直盛传，《秧歌》与《赤地之恋》是美新处授意张爱玲创作的反共小说，有的甚至还认定这两部小说的故事提纲也是美新处撰写好了交由张爱玲创作，对此麦卡锡坚决否认。在晚年，他在接受张爱玲研究专家高全之采访时，仍然坚持当年的看法，这两部小说完全是张爱玲自主创作而成。

事过境迁，麦卡锡似乎没有必要撒谎。《秧歌》在美国出版极不顺利，它被美国作家马宽德带到美国推荐给出版社。等待时间相当漫长，没有任何消息。宋淇还特地拿出牙牌书，为张爱玲算了一卦。卦辞一卦比一卦好，最好的一卦结果是上上。邝文美看了卦辞说，恭喜你，最后一卦明显是大吉之兆。你应该也看明白了，《秧歌》的出版不会太顺，但最后的结果出人意料，此乃大吉之兆，我们静候佳音好了。

最后的结果果然不出所料，《秧歌》在美国受到广泛好评，《纽约时报》《星期六文学评论》都刊登了书评。麦卡锡立即打电话告诉张爱玲，他对张爱玲的关心如同父亲对孩子的关心。这一点张爱玲深有同感，在《秧歌》的封二上，她特地加了一行字：献给理查德和莫瑞。理查德就是麦卡锡，莫瑞是张爱玲在美国的出版人。事实上麦卡锡与莫瑞在张爱玲不在场时谈起张爱玲，也是一副干爹与干妈的口气。

麦卡锡一直牵挂着张爱玲的生计，只要有机会，他都会帮助张爱玲接下工作单增加收入，从翻译到编写电视剧、广播剧，只要可以挣钱，他从不拒绝，1961 年张爱玲访问台湾也是他一手促成的。当然，像帮助张爱玲赴美取得居留权这样的好事更少不了他，甚至张爱玲留美签证上就有他的签名，他是担保人。他供职的单位是美国驻香港总领事馆，最早得知美国政府要颁布难民法令，允许符合条件（有专项才能）的亚洲难民进入美国，逐步过渡后成为美国公民。远东地区的指标是两千人，主要给居住在香港的内地人士——这最重要的两条好像全是冲着张爱玲来的，她就是居住在香港的内地人士，并且有专项才能。

从前在上海创作的那些小说即便不算，她也可以算作一个学有所长的人，因为《秧歌》在美国出版引发好评，而另一部长篇小说《赤地之恋》也将在美国出版。有这样的创作作为后盾，她向美国驻香港总领事馆提出申请，最后成功来到美国。这一切能够顺利办妥，麦卡锡功不可没。

# 邝文美： 我的八点钟的灰姑娘

　　邝文美与张爱玲一见如故，她们亲密无间的友谊终生维持。张爱玲前半生的闺密是炎樱，后半生的闺密就是邝文美。她与炎樱的关系在青春期结束后日渐趋冷，最后断了联系；她与邝文美的关系始终温暖如初，最终立下遗嘱将遗产继承人确定为宋淇、邝文美夫妇，这是她对他们一生友情最彻底的回报。

　　初入香港时，张爱玲入住青年会，那里人多且杂，令她烦不胜烦，与宋淇、邝文美夫妻结识后，邝文美帮她在自家附近租了间房子。每晚八点一过，邝文美准时出现，陪她说一些八卦新闻，如同当年在上海的炎樱。张爱玲给邝文美取了个绰号：我的八点钟的灰姑娘。邝文美的儿子宋以朗当时才四五岁，对张爱玲没有太深的记忆。1962 年，当张爱玲再一次走进他家时，这个十二岁的男孩对张爱玲有了一些印象。多年以后，已成为张爱玲遗产执行人的宋以朗回忆说，因为他要腾出房间给张爱玲住，他睡沙发，所以记得。张爱玲整日在房间内埋头写电影剧本，偶尔同桌用膳也不多言语，近视颇深却不戴眼镜，看东西总要俯身向前。就这样几乎互相"不理不睬"过了半个月……

以张爱玲的个性，她能在别人家"寄人篱下"，这是破天荒的行为，当然与邝文美近乎完美的人格分不开。就如同胡兰成寄居在杭州斯家，与斯太太美好的德行分不开一样——从民国过来的人，身上都有一种兰花般沁人心脾的传统美德。事实上张爱玲在信中就称邝文美为"中国兰花"，她对邝文美的赞美到了有些肉麻的程度："我向来见到有才德的女人总拿 Mae（注：邝文美的英文名）比一比，没一个有点及得上她的。""我上次信上是想说你们是真是我毕生仅见的伟大的情侣，与别的夫妇不同，尽管有些夫妇的感情也非常感动人。""每次想起在茫茫人海中，我们很可能错过认识的机会——太危险了。命运的安排多好。"

有一个细节不得不在这里披露，据说当时宋美龄曾邀请邝文美做她的私人秘书，却被邝文美婉拒。由此可见邝文美待人接物确实温文尔雅、大方得体，而且有学识、有见地。这样的女子绝不会凭空生成，她一定受过系统教育，有着非常良好的家教。她的儿子宋以朗后来在《宋家客厅：从钱锺书到张爱玲》一书中也印证了这点，邝文美 1919 年出生于上海，毕业于圣约翰大学，来香港任职美新处与宋淇相识。她的人生履历非

邝文美

常简单，但是她的家世却不简单，父亲邝富灼生于广东新宁县乡下，此地出洋人多，邝富灼随乡邻先到香港，坐船到美国旧金山，投靠在此地的叔父，先打工，读夜校，参加救世军，皈依基督教，并成为救世军中的书记员。他自认为文化偏低，以半工半读的方式就读于洛杉矶克莱蒙的盘马奈学院，获得奖学金，后又进入哥伦比亚大学。结束25年旅美生涯后回国，在广州方言学堂任教一年后，授职邮传部。1908年受张元济之邀，进入当时著名的商务印书馆任英文部主任，编写过多部畅销英文书籍，邝文美过硬的英文功底得益于良好的家教。她姐姐邝文英谈了个男朋友，就是后来的著名电影演员孙道临，在燕京大学读书。孙道临当时叫孙以亮，与宋淇的关系特别好，两个身材高大俊美的小伙子经常一起打篮球。邝文英很喜欢宋淇，便将妹妹邝文美介绍给了他。宋淇后来用过一个笔名林以亮，就是为了纪念他与孙以亮的友谊。

张爱玲曾经说过："一个知己就好像一面镜子，反映出我们天性中最优美的部分来。"这句话有可能是她对自己与邝文美之间友谊的总结。后来她去了美国，但是太平洋对她们来说并没有形成任何阻隔，几十年来通信始终不断。甚至在天星码头，刚刚与邝文美、宋淇离别，她流着泪回到舱室，就开始提笔给邝文美写信："在上船那天，直到最后一刹那我并没有觉得难过，只觉得忙乱和抱歉。直到你们一转背走了的时候，才突然好像轰然一声天坍了下来一样，脑子里还是很冷静 & detached［和疏离］，但是喉咙堵住了，眼泪流个不停。事实是自从认识

你以来，你的友情是我的生活的 core［核心］。我绝对没有那样
的妄想，以为还会结交到像你这样的朋友，无论走到天涯海角
也再没有这样的人。……你替我的箱子 pack［收拾］得那样好，
使我 unpack［打开行李］的时候也很难过。当然我们将来见面
的时候一切都还是一样。希望你一有空就写信来，但是一年半
载不写信我也不会不放心的。惦记是反正一天到晚惦记着的。
我到了那边，小的 mishaps［事故］大概常常有，大的不幸和失
望是不会有的，因为我对于自己和美国都没有 illusions［幻想］，
所以你也可以放心。"

　　这是张爱玲给邝文美的第一封信，用的是克利夫兰总统号
上的信纸，这一天是 1955 年 10 月 25 日。37 年后的 1992 年 3 月
13 日，张爱玲又写道："前两天大概因为写过去的事勾起回忆，
又在脑子里向 Mae 解释些事，（隔了这些年，还是只要是脑子里
的大段独白，永远是对 Mae 说的。以前也从来没第二个人可告
诉。……）"在她眼里，邝文美自始至终是她可以坦诚交流的密
友。

　　在邝文美眼里也是如此，她对张爱玲的了解甚至超过张爱
玲对自己的了解："十五年来，我一直是她的忠实读者。她的作
品我都细细读过，直到现在，还摆满案头，不时翻阅。但是老
实说，在认识她以前，尽管我万分倾倒于她的才华，我也曾经
同一般读者一样，从报纸和杂志上得到一个错误的印象，以为
她是个性情怪僻的女子，所以不免存着'见面不如闻名'之心。
直到几年前我们在一个偶然的场合中相识，一见如故，后来时

常往来，终于成为无话不谈的好友，我才知道她是多么的风趣可爱，韵味无穷。照我猜想，外间传说她'孤芳自赏'，'行止隐秘'，'拒人于千里之外'……很可能是由于误解。例如，她患近视颇深，又不喜欢戴眼镜，有时在马路上与相识的人迎面而过，她没有看出是谁，别人却怪她故作矜持，不理睬人。再者，她有轻性敏感症，饮食要特别小心，所以不能随便出外赴宴。不明白这一点的人，往往以为她'架子很大'。再加上她常在夜间写作，日间睡觉，与一般人的生活习惯迥异，根本没法参加各种社交活动，这也是事实。我相信'话不投机半句多'这种感觉是任何人都有过的。在陌生人面前，她似乎沉默寡言，不擅辞令；可是遇到只有二三知己时，她就恍如变成另一个人，谈笑风生，妙语如珠，不时说出令人难忘的警句来。她认为'真正互相了解的朋友，就好像一面镜子，把对方天性中最优美的部分反映出来。'"

一别六年后，张爱玲受麦卡锡之邀访问台湾，途中得知赖雅中风，但是很快得到部分恢复。她马上中止在台湾的行程，这时候回美国没有一点用处，因为他们手头没钱，除了生活必需外，她需要一笔钱来给赖雅治病。在美国她没有挣钱的机会，在台湾也没有，唯一的机会、唯一的希望就是在香港，在邝文美、宋淇这里。这时候宋淇早已经离开美新处，就任香港著名的电懋电影公司制片人，就以公司名义约请张爱玲写剧本，她一口气写了十来部：《情场如战场》《人财两得》《桃花运》《六月新娘》《温柔乡》《南北一家亲》《小儿女》《南北喜相逢》

等，一直到后来的《魂归离恨天》。

宋淇还帮张爱玲接下了《红楼梦》剧本。张爱玲研究《红楼梦》多年，宋淇也是，张爱玲那本《红楼梦魇》还是宋淇帮她取的书名，请张爱玲来写《红楼梦》应该非常适合。据宋以朗回忆："张爱玲回港后，在旺角花墟附近租了房子，从我家步行过去只需几分钟，我家的工人因为要拿东西给她，也曾经去过她那间房子。后来她临走前退了租，却发现还有剧本未写好，便来我家借住两星期。我让出睡房给她，只好到客厅'喂蚊'。"

《红楼梦》电影上下集剧本写了三个月，张爱玲一直写到眼睛出血，却没有钱治病。她也曾到诊所看过，医生开出的诊疗费让她吓了一跳，马上落荒而逃。

因为眼疾越来越厉害，张爱玲最后只好开口向邝文美借钱看病——这就是寄人篱下。尽管邝文美、宋淇待她一如既往热情，但是这样的生活对一向心高气傲的张爱玲来说，必定生不如死：住着人家的，吃着人家的，靠人家给你挣钱机会，还要伸手向人家借钱治病。这一段经历张爱玲终生难忘，这是她最后决定将所有遗产交给邝文美、宋淇继承的根本原因。在情感上，她对邝文美更亲密一些，毕竟她们相同的地方太多：同为女人，而且还同是上海女人，同为圣约翰大学学生，而且还共同地爱好翻译与写作。这两个女人如果不成为密友简直不太可能。

女人在一起免不了八卦，邝文美某次提到胡兰成，说你们当年如何如何。张爱玲赶紧阻止："别说了，快别说了。"张爱

邝文美和先生宋淇

玲到了美国，特别想穿旗袍，可是美国去哪儿能定制旗袍呢？
她只好求助于邝文美，画下款式，列明尺寸，要邝文美一定要
请一位名叫周裁缝的师傅定做，想必这位周裁缝也来自上海，
张爱玲在香港期间在他那里做过旗袍。张爱玲在信中提到自己
的三围，要求一定要用好的拉链，衣领要衬尼龙底，做得斜些，
稍微矮一些，衩不要太高。

时光就在一封封来信中飞逝，终于到了1992年2月14日，
邝文美收到张爱玲的遗嘱，内容是：第一，去世后将拥有的所
有一切都留给宋淇夫妇。第二，遗体立时焚化——不要举行殡
仪馆仪式，骨灰撒在荒芜的地方——在陆上就在广阔范围内分

撒。第三，委托林式同先生为这份遗嘱的执行人。

　　三年后的秋天，邝文美记下这样的日记："1995 年 9 月 9 日，中秋节，倒数 661 天。惊闻爱玲噩耗（孤寂中离开人世，是祸是福?)，四十余年旧事涌上心头……整天电话不绝，烦愁到极点……总解不开生死之谜。"在张爱玲去世八年后，邝文美中风，儿子宋以朗从美国回来照顾她，四年后她以八十八岁高龄在香港去世。

# 宋淇：是兄长，也是恩人

　　从现在公开的资料看，张爱玲的人生之路真的有点冒险，如果她在香港没有遇到宋淇，张爱玲还能成为张爱玲吗？当然，她早年在上海红过，她的名气一直都在。问题是那次走红有点像燃放烟花，一刹那灿烂炫目，可是转眼间就没了，只是在华人圈留下一点记忆。多年后她一红惊天并且还长盛不衰，就得益于夏志清那本影响深远的《中国现代小说史》。而向老朋友夏志清推荐张爱玲的，正是宋淇。我们完全可以这么说：没有宋淇肯定有张爱玲，但是张爱玲很难说拥有现在的辉煌。其实张爱玲在港台的走红也是得益于宋淇，台湾皇冠出版社的老板平鑫涛后来回忆说，1965 年在香港，他遇到了宋淇先生，宋淇是温文尔雅的读书人，他们一见如故。宋淇热心地向他推荐了好几位香港作家，尤其是张爱玲。张爱玲与皇冠合作了几十年，所有作品均交皇冠出版，不但得到了丰厚的版税，也让她在以港台为主的华人圈再度走红。

宋淇回忆说："最近大家对张爱玲的作品和研究又掀起了一片热潮，似乎是我打破沉默说几句话的时候了。夏志清在《张爱玲的小说艺术》序中，说爱玲同我们夫妇最熟，而且说她是文美的同事，这些话也有加以澄清和解释一下的必要。

"当年我们在上海时和爱玲并不相识，只不过是她的忠实读者。那时，像许多知识分子一样，我们都迷上了她的《金锁记》《倾城之恋》《沉香屑——第一炉香》。听说她脾气很怪，不喜欢与人往来，根本无缘识荆。想不到后来在香港邂逅相遇，晤谈之下一见如故，终于成为莫逆之交，二十余年如一日。"

宋淇代表美新处将张爱玲聘为翻译，海明威的《老人与海》、玛乔丽·劳林斯的《小鹿》、马克·范·道伦编辑的《爱默森选集》、华盛顿·欧文的《无头骑士》等都是张爱玲翻译的作品。但是张爱玲对翻译的兴趣不大，她的兴趣始终在创作上，翻译不过是为了谋生而已。她自己就对宋淇说过："我逼着自己译爱默森，实在是没办法。即使是关于牙医的书，我也照样会硬着头皮去做的。"另一次她又向宋淇诉苦："译华盛顿·欧文的小说，好像同自己不喜欢的人说话，无可奈何地，逃又逃不掉。"那时候她一边做翻译，一边开始写作《秧歌》，这一点宋淇记得很清楚："她一方面从事翻译，一方面还在撰写和润饰第一次用英文写作的小说《秧歌》。起先她很少在我们面前提起这本书，可能初次用英文创作，成败并无把握，不愿多说，而且那时我们方认识不久，友谊还没有发展到日后无话不谈的地步。等到有一天她让我们看时，已是完整的初稿了。在寄到美国经理人和为出版商接受中间，有一段令人焦急的等待时期。那情形犹如产妇难产进入产房，在外面的亲友焦急万状而爱莫能助。我们大家都不敢多提这事，好像一公开谈论就会破坏了成功的机会似的。"

张爱玲与宋淇相识，没有任何过渡，她与宋淇夫妇很快成为无话不谈的朋友，凡事都是第一时间告诉宋淇、邝文美，请他们拿主意。出版小说或者去日本谋职这样的大事，宋淇都给出了重要的参考意见。实在拿不出意见，宋淇会拿出牙牌书给张爱玲算上一卦。从事后的结局看，基本上都是十拿九稳。

张爱玲对宋淇夫妇超级信任，版权、版税等全由宋淇代理。甚至她的《红楼梦魇》《赤地之恋》《秧歌》《小团圆》等重要作品的写作，都与宋淇有过详细探讨。1976 年 4 月 28 日，宋淇致信给张爱玲说："《小团圆》分三天匆匆读完，因为白天要上班，读时还做了点笔记。对措词用字方面有疑问的地方都记了下来，以便日后问你再商酌。Mae 比我先看完，笔记也做得没有我详细，二人加起来，总可以 cover the ground。因为从好的一方面说，你现在是偶像，不得不给读者群众好的一方面看；从坏的一方面说，你是个目标，说得不好听点，简直成了众矢之的。台湾地小人多，作家们的妒嫉，拿不到你书的出版商，加上唐文标之类的人，大家都拿了显微镜在等你的新作面世，以便在鸡蛋里找骨头，恨不得你出了什么大纰漏，可以打得你

宋淇在燕京大学的毕业照

抬不起头来。对于你本身，多年已不再活跃，现在又忽然成为大家注意力的中心，在文坛上可说是少见的奇迹，也是你写作生涯中的转捩点，所以要特别珍重。以上就是我们处理你这本新著的 primary concern。"

信中接下来说："在读完前三分之一时，我有一个感觉，就是：第一、二章太乱，有点像点名簿，而且插写太平洋战争，初期作品中已见过，如果在报纸上连载，可能吸引不住读者'追'下去读。我曾考虑建议把它们删去或削短，后来觉得有母亲和姑姑出现，与下文有关，同时含有不少张爱玲笔触的文句，弃之实在可惜，所以决定押后再谈。"

后面又写道："可是我们可以想像得到一定会有人指出：九莉就是张爱玲，邵之雍就是胡兰成。张爱玲明知他的身份和为人，还是同他好，然后加油加酱的添上一大堆，此应彼和，存有私心和妒嫉的人更是每个人踢上一脚，恨不得踏死你为止。那时候，你说上一百遍：《小团圆》是小说，九莉是小说中人物，同张爱玲不是一回事，没有人会理你。"

宋淇在信中强调："《小团圆》一出，等于肥猪送上门，还不借此良机大出风头，写其自成一格的怪文？不停的说：九莉就是爱玲，某些地方是真情实事，某些地方改头换面，其他地方与我的记忆稍有出入等等，洋洋得意之情想都想得出来。一个将近淹死的人，在水里抓得着什么就是什么，结果连累你也拖下水去，真是何苦来？"

时时处处替张爱玲着想，就是一部小说也从张爱玲的利益出发作一番详尽分析，这是宋淇与张爱玲交往自始至终所采取的态度，朋友间的真诚与无私，一览无余。

宋淇的古道热肠与他出身于书香门第有着紧密的关系。作为来自上海的才子，他无法对才华过人的张爱玲漠然而视。据他的儿子宋以朗坦言，张爱玲并非宋淇一生中最重要的朋友，顶多只能算之一。宋以朗的祖父宋春舫不但与清末光绪帝有渊源，与国学大师王国维、蔡元培、英国作家毛姆均有交往，甚至与王国维还有亲戚关系。宋淇也是如此，从钱锺书、傅雷到徐志摩、梁实秋一概来往密切。如果不是因缘际会，宋淇其实根本没有必要刻意结交张爱玲，尽管他是一个张迷。但是作为文化世家之子，出入宋家的，哪一个不是大名鼎鼎的大家名流？宋春舫1912年从上海圣约翰大学毕业后留学欧洲，回国后出任清华大学、北京大学教授。据说有一次来杭州游玩，被山水美景所倾倒，多住了几天，一共五次被警察查房，不胜其扰，干脆在西湖畔与妻弟朱润生合建了一幢春润庐，平时托一个船夫打理，闲时拖家带口来此度假。就是这个春润庐，包括章太炎、杨杏佛、蔡元培、徐志摩、蒋梦麟、熊十力、马一浮、丁西林、刘大白、顾毓绣、陈布雷、张静江、胡汉民、宋子文、李石曾、吴稚晖等都曾大驾光临过。

杭州的春润庐只是宋家众多房产之一，宋春舫其实更爱青岛的褐木庐。他中年患上肺病之后就辞去工作，长期居住在青岛的褐木庐。他将褐木庐改造成一个藏书楼，从欧洲带回来的几千册书籍全部收藏在褐木庐，二十多年精心收集的有关戏剧方面的书籍也全都收藏于此。作为中国现代话剧的先驱之一，这是他一生的心血所在。褐木庐藏书后来一直成为中国收藏界的热点，发现一部褐木庐藏书，绝对是藏友间津津乐道的重大新闻。梁实秋在《雅室小品》中就描写过褐木庐："我看见过的考究的书房当推宋春舫先生的褐木庐为第一，在青岛的一个小小的山头上，这书房并不与其寓邸相连，是单独的一栋。环境清幽，只有鸟语花香，没有尘嚣市扰。……在这里，所有的图书都是放在玻璃柜里，柜比人高，但不及栋。"

宋春舫有"世界三大戏剧藏书家之一"和"中国第一喜剧作家"的美誉，可惜因肺病英年早逝，享年 46 岁。作为中国现代话剧的先驱之一宋春舫之子，宋淇爱上话剧理所当然。燕京大学毕业后，他和一帮朋友在上海演话剧、办杂志，忙得不亦乐乎。但是到了 1945 年抗日战争结束之后，他突然弃文从商。对于这一重大转变，宋以朗回忆说："抗战结束后通货膨胀得厉害，钱不值钱，没人承认在日据时代使用的军票，政府要求没收黄金，发放金圆券，但人们开始对纸币失去信心，于是私藏黄金，接下来就形成恶性循环了。那时候，大家即使买菜也要带一箱子的钱才够用。在这样的经济状况下，只靠房租作为主要收入的宋家，家境只有每况愈下，因为租金通常早就定好，今天的合理租金到明天已经一文不值了。况且宋家还有一大帮'蛀米大虫'要养，我父亲只好外出谋生。到这步田地了，难道还办杂志、搞话剧？""因为经济原因，父亲没有继续办杂志、搞话剧，而为了担起整个家庭的生活重担，他只有出来做生意。

当时我姑丈（即宋哲明的丈夫）在美国芝加哥的药厂打工，公司名为 Abbott。借着这关系，我父亲得以进口阿司匹林在中国经销，从杭州至上海的铁路上都有他的广告。""1949 年 4 月，我在上海出生，几星期后我们举家南迁。5 月，上海解放。父亲选择离开有两个原因：一是正如杨绛先生后来回忆所说，我父亲告诉她和钱锺书，他体弱多病，不能不常服西药，所以只好留在香港（参见吴学昭《听杨绛谈往事》）；第二个原因，我相信更加重要，因为是父亲自己跟我说的——我们家是大地主，祖父宋春舫在杭州有春润庐，在上海有整条街那么多的房子，为免政治清算，不得不逃跑。"

中国有句老话：人无百日好，花无百日红。再亲密无间的朋友，交往时间长了也会产生问题，宋淇与张爱玲之间也不例外。1962 年 2 月 20 日，她在给赖雅的一封信中这样说："宋淇今天找我，带着怒气，态度冷峻，他们认为我为了赶时间，交出来的剧本太草率，好像我欺骗了他们！宋说在我走之前他们会付给我新写的那一个剧本的钱，言下之意是我为《红楼梦》写的上下两个剧本的钱，他们不会给我！我说我愿意在回美国之后重新修改，他也没有表示意见。他们担心邵氏公司会抢先拍摄《红楼梦》，似乎有意要放弃这个案子，这一个月以来我一直都被笼罩在这不确定的痛苦中——这是我付出三个月的辛苦工作和为下半年生活的奋斗！我还欠他们几百块，是我在这里看病的花费，我原本想用《红楼梦》的钱来还！"

宋以朗对当时的情况并不了解，他后来回忆说："张爱玲为

张爱玲遗产继承人、宋淇之子宋以朗与台湾女作家朱天文

什么说爸爸伤了她的心？《红楼梦》剧本何以收不到钱？由于当事人去世了，我只能推测。一种可能是张爱玲当时还没写好剧本，未有定稿，先付钱给她是说不过去的，宋淇也要对公司负责。第二种可能是，当时电懋和邵氏都在抢拍《红楼梦》，邵氏动作比较快，电懋抢不到只能放弃，就耍赖跟编剧说这个剧本写得不好，不用付钱。"不管出现哪种情况，都是编剧与公司合作过程中最正常不过的事情，我依据现在影视公司一般的操作流程来看，倾向于认为是电懋公司看到邵氏公司抢拍《红楼梦》，由于题材撞车，他们有意放弃张爱玲编写的《红楼梦》。对于已经放弃的剧本，一般来说公司会找借口不支付稿费，剧本不成熟是他们最常用的挡箭牌。更何况电懋公司一直认为张

爱玲不够大牌，是宋淇向公司强力推荐才不得不选用的编剧，所以当时宋淇其实承受着巨大的压力——一方面作为项目负责人，他要向公司负责；一方面作为好朋友，他也要为张爱玲负责。他的纠结可想而知。

宋淇帮助张爱玲实在太多太多，从 1955 年 11 月到 1963 年 10 月，张爱玲在电懋公司投拍的八部电影剧本，全由宋淇一手操作，多半在事先预付稿费，这在当时是非常难得的待遇。张爱玲写信给赖雅说他们不再是我的朋友了，这其实可以看作一时生气说出的话，完全没有经过深思熟虑。事实上他们的友谊不会也不可能被这么一件小事中断，他们很快就和好如初。张爱玲给邝文美写信说："我一再请你千万不要为不常写信抱歉，你的每天生活情形我有什么不明白的？Stephen（注：宋淇的英文名）累倒了也在意料中，那次收到他的 SOS 时我就担忧，听上去工作太紧张，所以这几个月来我一直为迟迟未交卷而内疚，但是非酝酿一个时期不可，只好屡次连想一两个星期又搁下来。电懋不知对《真假姑母》剧本有兴趣没有？"

宋淇离开电懋公司后，又到另一家著名的邵氏公司任职，最后因病辞职。当时"文化大革命"爆发，也波及香港。宋淇非常担心，将两个孩子送到国外读书，他自己则进了香港中文大学，校长的讲话稿、报告全出自他的手。这时候他与张爱玲的联系仍然没有中断，他们的友谊在港台文坛人尽皆知。

张爱玲晚年发表了《相见欢》，亦舒用笔名衣莎贝写《阅张爱玲新作有感》，在批评张爱玲的同时也嘲讽了宋淇。

　　宋淇将文章影印给张爱玲，说："衣莎贝即亦舒，一向喜欢你的作品，这次忍不住了，发了一阵牢骚，可是不知为什么不肯放过我，好在我这一阵修行得道行很深，决不会理她。……倒是文章中称我为'老先生'使我一凛，想：自己到了退休年龄，真是老了。"失意之情溢于言表。

　　张爱玲回信说，亦舒、水晶等"恨不得我快点死掉，免得破坏 image。这些人是我的一点老本，也是个包袱，只好背着，不过这次带累 Stephen。中国人对老的观念太落后，尤其是想取而代之的后辈文人"。

　　1995 年 7 月 25 日，张爱玲写了一封信给邝文美、宋淇，这是她这辈子最后一次和他们通信："以前信上说过《对照记》另签合同，像是卖断，连港版都没有，那是错怪了皇冠。那次刚巧港版版税单上独缺《秧歌》、《对照记》二书。我以为《对》没出港版，但是两个月后又补寄这两本书的版税来。《对》销路并不好。看来皇冠要另签合同不过是为了影视版权，随时 TV 上要用照片不必问我。有个香港导演王家卫要拍《半生缘》片，寄了他的作品的录像带来。我不会操作放映器，没买一个，无从评鉴，告诉皇冠'《半生缘》我不急于拍片，全看对方过去从影的绩效，'想请他们代作个决定。不知道你们可听见过这名字？"一个多月之后，张爱玲被人发现孤独地死在租住的公寓，享年 75 岁。又过了一年，1996 年 12 月，宋淇因支气管炎病逝，享年 77 岁。

# 李丽华：爱穿旗袍的咪咪

　　因为电影编剧的职业关系，张爱玲结识许多电影女明星，李丽华是其中一位。小道消息说，上海快解放时周恩来总理亲自叮嘱有关人士，要他们务必留住以下三位文艺人才：一是美术界的刘海粟，二是文学界的张爱玲，三是演艺界的李丽华。最后只有刘海粟留下来，而张爱玲和李丽华都穿着风姿妖娆的旗袍翩翩去了海外。

　　这位据说是中国第一个进军好莱坞的女明星后来移居香港，听说张爱玲也来到香港，就打电话请她喝咖啡，邀请她为自己的公司写剧本。不知道张爱玲是不相信她还是另有原因，那一天她姗姗来迟，并且沉默寡言。按说两个穿旗袍的海派女人应该有很多共同的话题，比如电影，比如旗袍——要知道，作为女明星的李丽华，对旗袍的狂热迷恋其实不亚于张爱玲。但是这两位曾经打过交道的上海女人时过境迁再度相逢之后，却相对无言。张爱玲碰都没碰桌上精美的点心，略坐了坐，然后起身告辞。

张爱玲是超级影迷，海上每一位女明星她都可以八卦出她们一大堆红尘往事。她与李丽华合作过，当时李丽华也在桑弧的文华公司，出演过《虚凤假凰》，人送绰号咪咪。咪咪经常与张爱玲在一起开会或出游，相处得十分融洽。张爱玲对演电影的女人有一种特殊的好感，对电影女明星更是敬如女神——所谓敬而远之吧。她可以在文字里把她们夸成一朵花，但是在现实生活中与她们面对面，她的态度与她在文字里的热情刚好相反。她就是这样的人——不是冷漠，也不是无情，只是她的习惯，她只习惯生活在文字里。在现实生活中，她永远是个束手无策的弱智，对李丽华如此，对所有她接触过的女明星也如此。比如她喜欢的陈燕燕，她在晚年回忆说："一九四七年我初次编电影剧本，片名《不了情》，当时最红的男星刘琼与东山再起的陈燕燕主演。陈燕燕退隐多年，面貌仍旧美丽年轻，加上她特有的一种甜味……"

张爱玲就喜欢她身上"特有的一种甜味"。那时候陈燕燕偏胖，当然是息影多年造成的，在片中她只好尽可能穿大衣，一件黑呢子大衣总是穿着。好在故事发生在冬天，家里又没有火炉，所以穿呢大衣的理由也很充足。但是片子从头到尾一件呢大衣，壳子一样套在陈燕燕身上，又不能脱，一脱就露出胖乎乎的腰身，不要说观众看得心烦，张爱玲也直叹气。气人的是，

电影明星李丽华

一部片子拍到后来，可能因为累的，人变瘦了，苗条了，可以脱大衣了，而片子也拍完了。

张爱玲也喜欢过谈瑛，谈瑛的神秘一直为观众津津乐道，张爱玲是她的忠实影迷，为了看她的新片，放弃西湖之游吵死吵活要回上海。

谈瑛被称为"黑眼圈女郎"。"黑眼圈"是谈瑛独创的妆容，将眼睛外围涂上重重的眼影，本来不大的眼睛马上变得神采奕奕。她喜欢将眼角的眼影往上涂，眼睛更显得灵动妩媚。

甜味也许并不属于哪一位，微笑的女明星都有，比如林黛。

林黛的处女作是根据沈从文小说改编的电影《翠翠》，她穿一身蓝印花土布，粗黑发亮的麻花辫，纯净的微笑在脸上宛若缓缓开放的花蕾，带有一种甜味。张爱玲看过林黛主演的很多电影，不止一次夸她，就像当年喜爱谈瑛一样，她很喜欢林黛。《边城》中那个纯朴的翠翠就是为清纯的林黛而写，林黛身上的甜味与翠翠完全一致，李丽华也有。

李丽华和张爱玲一样特别爱穿旗袍，甚至被人称为"穿旗袍最好看的女人"，说出这句话的男人叫严俊——他是女明星周璇前夫严华的侄子，与李丽华在香港重逢时一见钟情。据说李丽华不知道他当时正和林黛在一起。在严俊的穷追猛打下，很快与他陷入情感旋涡。情到深处，李丽华渐渐发现苗头不对，几次想请严俊来帮她一个忙，但是严俊总是隔了一时三刻才赶来。并且每次和她约会再晚，他都要赶回家。两人相爱那么长时间，严俊一直没有带她去过他家。李丽华心生疑惑，对严俊说："我发现，你其实并不真心爱我。"严俊说："丽华，我把心都掏给了你，你怎么能说出这样的话来？"李丽华说："事情很简单，我们相爱这么长时间，你从来不曾带我到你家去，你是怕我丢你脸，还是另有想法怕夜长梦多？"严俊被李丽华问倒，几天后他实在无法拖延，只得带着李丽华来到家中。李丽华一看就很吃惊，那个房子看来空置很久，桌面上积满灰尘，也没有人居住，看上去毫无生气。李丽华气坏了，厉声责问严俊："你到底是什么意思？想跟我玩也不能这样挖空心思啊！"

严俊这时不得不向李丽华坦白，他其实和电影明星林黛一直生活在一起。李丽华还没有回过神来，林黛亲自找上门来，哭着劝李丽华离开严俊，外界传得实在太难听。坦白说，李丽华现在已深陷其中无法自拔，但是为了同为女明星的林黛，李丽华痛下决心离开严俊。半个月后，瘦了一圈的严俊找到藏身在香港弄堂里的李丽华，说他爱的就是她，他不可能没有她。李丽华被他的真情打动，但是如何处理林黛？严俊说："很简单，已经没有感情了，两个人没有必要在一起。"严俊答应和林黛分手，李丽华给了他半年时间，离得掉就离，离不掉就在一起。

可是，后来事情的发展完全出乎李丽华所料，有一天早上她还没起床，突然女友打来电话告诉她："丽华，不得了了，你快起来看报吧。"李丽华一时莫名其妙，拿着话筒问女友："到底出什么事了？快说啊！"女友说："你自己起来看报吧。"李丽华飞快起床，穿着睡衣跑到门外打开报箱，大报小报上赫然刊登着大明星林黛为情自杀的消息，而这起三角恋中的红颜祸水，正是她李丽华，李丽华两眼一黑几乎昏厥。虽然林黛经抢救无碍，全香港已被这起"女星争夫因情自杀"的花边新闻搅翻天了。

再大的波澜总有止息的时候，两年后的 1957 年，李丽华和严俊结婚。两人自组金龙影片公司，夫唱妇随，拍摄了《游龙戏凤》《武则天》《杨贵妃》等叫好又叫座的影片。1968 年，因在《扬子江风云》中表现突出，李丽华获得第七届金马奖最佳女主角奖。后来他们双双移民美国经商，刚抵达纽约时，张爱玲住在长岛，特别赶到李丽华住的华尔道夫酒店来见面，一谈就是两个小时，毕竟她们是在上海时代共事过的老同事。但是也就一面，仅此一面，后来再没有见过，也没有联系过。

张爱玲去世后，李丽华得到消息，对记者说："我和张爱玲的来往是属于工作上的，她瘦瘦高高的，人长得很有气质，也挺好看的。文章当然不用说，是当时最叫座的，她的工作态度非常严谨，这些都是让我非常崇拜的地方。但是离开上海，以后就很少看她写文章，也不见人了，好像与世隔绝了般。"

1980年，严俊因心脏病去世。李丽华并没有离开影坛，仍然一有机会就回香港接拍电影，前后共拍摄了120余部电影，成为中国影坛拍摄电影最多的女明星，也是最早打入好莱坞的中国演员。2015年，第52届金马奖终身成就奖授予91岁高龄的李丽华；2016年，第35届香港电影金像奖终身成就奖颁给李丽华，这是对她的表演事业最好的肯定与总结。

# 小团圆

台湾，1961.10

　　台湾花莲城隍庙，当年王祯和带着张爱玲多次来此游玩。后来，张爱玲在《重返边城》中写道："花莲城隍庙供桌上的暗红漆筊杯像一副猪腰子……横挡在神案前的一张褪色泥金雕花木板却像是古物中的精品。又有一对水泥方柱上刻着红字对联。"

# 朱西宁："国防部"里的小兵

20 世纪 60 年代，张爱玲与人谈到自己的读者时说，小兵从军时的背包里，只装着仅仅的一本书，我的《传奇》。张爱玲这样破天荒地与人谈到自己的粉丝，心里必定也是感动的、感激的。能得到读者如此痴情拥戴，是一个作家的福分。

小兵名叫朱西宁，这本《传奇》曾被他当作守护神塞在背包里，一路历经炮火纷飞、枪林弹雨，一直跟随他来到台湾。1971 年 5 月 31 日，已出版多部小说集的作家朱西宁，在《中国时报》副刊《人间》发表了长文《一朝风月二十八年——记启蒙我与提升我的张爱玲先生》。

朱西宁在文里记述了江苏泰州沦陷后的一段风烟岁月。当时，国民党鲁苏皖边区游击总指挥部副总指挥李长江投降日军，总指挥李明扬则率部转移泰州乡下坚持敌后游击战争。这期间

胡兰成（左）与朱西宁（右）

朱西宁、刘慕沙夫妇和三个女儿

战事频仍，作为学生的朱西宁只得怀揣着在泰州结缘的张爱玲作品前往南京投亲。

抗战胜利后，朱西宁当过电影院的广告师，并在杭州国立艺术专科学校学习美术和音乐。1946 年，他的第一篇短篇小说《洋化》在南京《中央日报》副刊发表。这期间朱西宁对张爱玲的推崇也已扩展至整个家族。

朱西宁已不能克制自己，得知张爱玲来到香港，他写了一封信给她，一封浓缩了千言万语的慕情和祝贺的信，这时张爱玲已远赴美国。多年以后，朱西宁第一部小说集《铁浆》出版，又托作家聂华苓带去美国转赠张爱玲。

《一朝风月二十八年》发表之后，朱西宁托陈若曦带了一份给张爱玲，两人从此有了通信联系。但是他一直没有机会见到张爱玲，有学生去美国，和当年一样，他必定要求学生去看望张爱玲。

朱西宁与张爱玲一直靠通信维持联系，信也不多，一直没能见面。后来与胡兰成走到一起，对朱西宁来说是爱屋及乌，见不到张爱玲，见见胡兰成也是好的。1976 年，胡兰成在台湾文化学院教书，就住在离他不远的地方，正常人都可以想象得到他的激动和兴奋。朱西宁从报上得到消息后没几天，就领着三个女儿和夫人，全家齐齐出动来看望胡兰成。后来得知文化学院因为各界的"抗议"对胡兰成下了逐客令，朱西宁急坏了，立即将胡兰成接到自己家，住了很长时间。后来可能胡兰成不好意思，朱西宁就帮他租住在隔壁，吃喝则全在一起。朱西宁生活非常节省，据说小女儿朱天衣花五块钱买块糖吃他都不舍得，他却包下胡兰成的一应开销，甚至为他专门购买了六千元的家具，真心实意让他在此长久住下去。

朱西宁死心塌地维护胡兰成，引起了台湾许多作家的不满，几乎与他断了往来。他却不管不顾，还替胡兰成在台湾的遭遇愤愤不平，写了本影射此事的小说《猎狐记》，以狐喻胡。甚至还想劝张爱玲与胡兰成"破镜重圆"，再续旧好，并且为此写信给张爱玲。张爱玲看到非常生气，从此与他绝了来往，这令朱西宁始料不及。

这一切胡兰成全然不知，他在朱家生活得如鱼得水。因为朱家不仅有朱西宁这个小老头，还有一个美丽的爱好写作的夫人刘慕沙，以及三个同样美丽也爱好写作的妙龄少女朱天文、朱天心、朱天衣。他好像醉入花丛，一时又恢复了从前的春风得意。

朱家其实真正是一个作家之家，太太刘慕沙一笔文字很美很动人。长女朱天文、次女朱天心、三女朱天衣在朱西宁调教下，一个个都是小才女的架势，才情好生了得，而且都是张爱玲的超级粉丝。加上饱读诗书的朱西宁，一门五口，后来出版了七十多本书，不折不扣是文学世家、小说之家。

胡兰成天生就是个吟风弄月的才子，在朱家读读书，赏赏花，说说张爱玲，真正乐不思蜀，全然把老婆佘爱珍丢在脑后。有一次，朱家全家出动带他到铜锣朱天文外婆家，平快车不对号，现买现上。先上了一班没发现是海线，待山线的进站，一家子急下车奔越天桥到对面月台，胡兰成撩起长袍跟跑，恍如他在汉阳逃空袭警报。满车厢都是人，他们硬是抢到一个位子让给胡兰成坐下。朱西宁直抱歉说像逃难，胡兰成也笑说像逃难。第二天他们到山区老佃农家玩，黄昏暑热稍退，去走山，最末一段山峰陡坡，走完回到家，胡兰成说："刚才疲累极了，魂魄得守拢住，一步一步踩牢，不然要翻跌下池塘里。"朱天心很抱歉，忘记胡爷爷已经七十岁，因为他总是意兴扬扬，随遇而安，让人看不出他的年龄。刘慕沙则由衷赞叹胡兰成好喂，做什么他都爱吃。没有荤菜时一人煎一个荷包蛋，胡兰成总是一口气把蛋吃完再吃饭，像小孩子吃法，好的先吃掉再说。朱西宁正相反，永远把好的留在后头，越吃越有希望。每每家中做好饭，朱天心就隔着墙头喊："胡爷，吃饭喽！"胡兰成响亮地答应着："好，来啦。"马上跑过来，吃饭真是件令人神往的事。有人送给朱家一只火鸡，取名粉眼，放狗上山粉眼也杂在其中跑，跑野了没回来。刘慕沙很可惜，朱西宁突然对着长空长啸："粉眼——"胡兰成以为是喊胡爷，回应了一声，还中气十足，把朱家人全笑倒。

每天早上太阳出山，胡兰成就过来看报，这时候他通常已写了千把字，打过拳，冲完冷水澡。他看报很快，国内外新闻扫一眼，倒是连载的武侠小说每天都看。逢上放假，朱天文三姐妹往往睡到太阳高照，起床后大家一起去兴隆居吃豆浆。回程走山边，胡兰成也很淘气，踩山溪玩。虻母草开着粉红小花，他说那粉红是天文的颜色。他跟天心下五子棋，称赞天心聪明。

胡兰成（左一）和朱西宁（右二）一家外出游玩

天文常常帮胡兰成擦楼上地板，胡兰成夸她能干，以一句刘禹锡诗赞叹："银钏金钗来负水，劳动也是这么贵气。"

　　整个夏天，胡兰成院子里的昙花像放烟火，开完一拨又一拨。昙花都是夜晚开，拉只电灯泡出来照明，七八朵约齐了似的开放。上完课人来人去穿梭着看，过年似的，图书馆小姐拿了纸笔来写生。花开到下半场怎么收的，永远不记得。第二天唯见板凳椅子一片狼藉，谢了的昙花一颗颗低垂着大头好像宿醉未醒。多年后，每有暑夜忽闻见飘来的清香，若断若续苦撩弦，三姐妹必定寻香而至，果然是谁家外面那盆攀墙的花盛开了。人说昙花一现，其实是悠长得有如永生。

　　这年暑假，朱家三姐妹相约参加《联合报》首届小说征文比赛，胡兰成说等小说写完开始教她们读书。这时，天心考上台大历史系，写小说也像她考大学，不逼到最后不拼。胡兰成去兴隆路买了原子笔回来给她，哄她快写。

　　胡兰成也像朱天心那样爱走路、爱玩。大家去新店渡筏过河，竹林掘笋，往前却是莲雾林，各人摘莲雾来吃，像只山羊。末了大家发现还是胡兰成的这棵莲雾最甜，遂采了一大袋带走。那天胡兰成戴凉帽，夏衫夏裤一身雪白，飘逸俊朗，从前的大劫大难以及岁月风霜，竟然在他身上不留痕迹。朱西宁提议照相，大家在石头岸上合照，冲出来看很好，朱西宁就寄了一张给张爱玲，没想到就是这张照片惹恼了张爱玲。但是胡兰成并不把这点放在心上，他知道朱家接纳他是因为张爱玲，平日与他们交谈，言必提张爱玲，爱玲怎么怎么说，爱玲怎么怎么做，这正是朱家人想听到的。因为他们和胡兰成一样，但凡爱玲说的总归是好。有一天晚上月亮好得不得了，一大家人坐在月亮底下，胡兰成信笔作了一首唱词：

> 晴空万里无云，冰轮皎洁。
>
> 人间此时，一似那高山大海无有碑碣。
>
> 正多少平平淡淡的悲欢离合。
>
> 这里是天地之初，真切事转觉悃悦难说。
>
> 重耳奔狄，昭君出塞，当年亦只谦抑。
>
> 他们各尽人事，忧喜自知，
>
> 如此时人，如此时月，
>
> 却为何爱玲你呀，恁使我意气感激。

　　和朱家在一起的生活是胡兰成一生难得的美好时光，就在这一时期，他写出了晚年最重要的著作《禅是一枝花》。在他的带动下，朱家三姐妹最后都成为台湾很有名的女作家。与张爱玲及胡兰成亲人似的交往，朱家三姐妹慢慢地成了飞蛾，扑向远方那隐约的灯光，生命深处的光亮折磨着这些性灵的人，像三姐妹的父母朱西宁、刘慕沙，像胡兰成、张爱玲，这是内心里挥之不去的源泉，它使生命的溪流变得满盈、充溢。

胡兰成后来离开朱家回到日本，原计划第二年再去台湾，却一拖再拖，最后还是取消了赴台计划。有过上次在台湾差点露宿街头的教训，他确实害怕了，举步不前。朱家三姐妹在台湾盼着胡爷再来与她们吟风弄月，可是胡兰成迟迟不肯来。朱天文后来说，胡爷一旦小心起来，小心得几近神经质。

胡兰成来不来其实无所谓，他留下的薪火已在朱家姐妹心头熊熊燃烧。朱天文说，胡兰成可说是煽动了她们的青春，因此她们热切想找到一个名目去奉献。于是，以朱家姐妹为中心的三三文学社于1977年成立，接着开始筹办刊物，出版了后来名震华文圈的杂志《三三集刊》。

胡兰成虽然再没有去台湾，但是三三文学社因他而起。他远在日本，日夜挂念着朱家三姐妹，知道她们初创事业，肯定捉襟见肘。他临时起意，决定为她们筹集办刊经费。他不仕不商，有限的几个版税只够勉强维持自己的生活，挣钱的方法现在多了一项：卖字。产生卖字的念头并非偶然，晚年的胡兰成开始习字，极力推崇碑学，并有许多高论。唐君毅称胡兰成的人与字为"天外游龙"，日本著名小说家川端康成说："于书法

胡兰成与女弟子朱天文

今人远不如古人；日本人究竟不如中国人。当今如胡兰成的书法，日本人谁也比不上。"胡兰成也曾夫子自道："我于文学有自信，然而唯以文学惊动当世，留传千年，于心终有未甘。我若愿意，我可以书法超出生老病死，但是我不肯只作得善书者。"自信到了几近狂妄。

胡兰成在报上做广告卖字，果然购者甚多，很快为三三文学社筹集了第一笔办刊费。他关注着三三文学社的成长，《三三集刊》前后出版了二十八辑，除最后一辑外，他每辑都写信加以评点。胡兰成自己也掺杂在这批年轻人中间，化名李磐写文章。他最后几年的文章主要就是为三三文学社而写，也都在《三三集刊》上发表，他为三三文学社确是尽了很大的心力。他一辈子离不开女人，和女人在一起就是所谓的"夫妻之好"，但

他与朱家姐妹的交往却是纯真的，帮助创办三三文学社是他此
生的一大功德。此时，除了朱家姐妹，除了文学，他已没有任
何精神寄托。

　　朱家姐妹在文学上的成长是对胡兰成最好的回报，特别是
朱天文，后来成了台湾著名的女作家。由她编剧、侯孝贤导演
的《恋恋风尘》《悲情城市》等二十多部电影成为华人电影史上
的经典之作，她的短篇小说集《世纪末的华丽》还入选20世纪
中文小说一百强。三三文学社名声日隆，创办了三三书坊，出
版了胡兰成的《禅是一枝花》《中国礼乐》《中国文学史话》
《今日何日兮》。胡兰成教过的学生不在少数，只有朱家姐妹是
他的忠实传人。在胡兰成逝世十周年时，三三书坊为他隆重推
出了《胡兰成全集》，共有厚厚的九册。

# 王祯和： 来自花莲的文艺青年

　　1961 年 10 月，在美国驻台文化专员麦卡锡安排下，张爱玲飞往台湾搜集创作素材，写作她酝酿已久的小说《少帅》，这是张爱玲唯一的一次访台。

　　来台前，她读过台湾大学一帮文艺青年创办的杂志《现代文学》，对王祯和的小说《鬼·北风·人》印象极深。后来在麦卡锡安排的接风宴上，她与王祯和有了一番对话。张爱玲说："真喜欢你写的老房子，读的时候感觉就好像自己住在里边一样。"王祯和非常感动："是吗？你有这样的感觉，太好了。"张爱玲点点头："是的，我好像前世就住在这样的老房子里。"王祯和说："那这样好不好，你有空到我老家花莲住几天，体验体验那儿的老房子，顺便搜集一些写作素材。"张爱玲笑了："我很乐意。我没有办法采访到张学良，正好时间有空，难得来一次，想多走走，多看看。"王祯和说："好，太好了，那明天就去吧？"张爱玲微笑着点点头。

当时王祯和家开着一片杂货店，店铺和住家一起，门前的街道并不宽，邻居也全是老邻居，对各家情况了如指掌。看到王祯和从大学里带回一个模样年轻漂亮的姑娘回来，大家都认定张爱玲是王祯和的女朋友。王祯和回忆说："她那时模样年轻，人又轻盈，在外人眼里，我们倒像一对小情人。在花莲人眼里，她是'时髦女孩'。因此，我们走到哪里，就特别引人注意。我那时刚读大二上学期，邻居这样看，自己好像已经是个'小大人'，第一次有'女朋友'的感觉，喜滋滋的。"

一到家王祯和就带张爱玲去看老房子，张爱玲后来在《重返边城》中写道："夜游后，次日再去看古屋。本地最古老的宅第是个二层楼红砖屋，正楼有飞檐，山墙上镶着湖绿陶磁挖花壁饰，四周簇拥着淡蓝陶磁小云朵。两翼是平房。场院很大，矮竹篱也许是后添的。院门站得远远的，是个小牌楼，上有飞檐，下面一对红砖方柱。""小巷里，摇茶叶的妇人背着孩子在门前平台上席地围坐，大家合捧着个大扁篾篮，不住地晃动着。篮子里黑色的茶叶想必是乌龙，茶香十步外特别浓。另一家平台上堆满了旧车胎。印度也常有这种大门口的平台。""年青的朋友带我来到一处池塘，一个小棕榈棚立在水心。碧清的水中偶有两丛长草倒影。是农场还是渔埕？似乎我的导游永远都是沉默寡言，我不知道怎么也从来不问。"

王祯和母亲打扫出楼下一个房间让她住，张爱玲会说日语，

王祯和（右）和母亲与张爱玲（中）合影

跟王家母亲就用日语交谈，每天晚上跟王家母亲道晚安，都是用日语，说话很慢、很柔、很自然。张爱玲每晚睡觉前，一定在脸上擦各种水，各种不知道什么油脂，用一张张卫生纸擦啊抹的，要花很多的时间。王母感到很好奇也很新鲜，对王祯和说："不知是什么东西？"10月15日晚上，王祯和和母亲带着张爱玲去照相馆拍照，她花了一个钟头以上时间化妆。那天，照相师很认真地替他们拍，也拍了很久。

令王祯和记忆深刻的是，张爱玲在他家吃木瓜，一边用小汤匙挖着吃，一边看《现代文学》，神情模样那么悠闲自在。王祯和说，二十五年过去，那姿态他居然记得那么清晰，觉得张爱玲什么都好，什么都美。

　　张爱玲一次从街上经过看到妓院，十分好奇，她打小对青楼、妓女就相当好奇，遇到了肯定不想放过。王祯和托舅舅与妓院老板联系，让张爱玲进去看个够。在《重返边城》中，张爱玲也写到花莲的妓院："二等妓院就没有这么纯洁了。公共食堂大观园附设浴堂，想也就是按摩院，但是听说是二等妓院。楼下一排窗户里，有一张藤躺椅上铺着条毛巾被，通内室的门里有个大红织锦缎长旗袍的人影一闪。这样衣冠齐整怎么按摩？似乎与大城市的马杀鸡性质不同。

　　"另一个窗户里有个男子裸体躺在藤椅上，只盖块大毛巾。又有个窗户里，一个人伛偻着在剪脚趾甲。显然不像大陆上澡堂子里有修脚的。既然是自理，倒不如省点钱在家里剪，而在这春宵一刻值千金的时候且忙着去剪脚趾甲。虽然刚洗过澡指甲软些容易剪，也是大杀风景的小小豪举。"

　　王祯和舅舅的帮忙让张爱玲十分感动，离开台湾时一定要送他一件礼物，想来想去不知道送什么好，结果买了一支笔给他。他不用笔，转给了王祯和。张爱玲因为走得匆忙，一双鞋也忘在王祯和家，被王家母亲穿着。张爱玲本来计划从花莲到台东、屏东看看，在台东车站，站长告诉张爱玲，美新处到处打电话找她，赖雅再发中风，家人急于联系到她。他们马上取消行程准备直接回台北，在车站外的公用电话亭打投币电话，排队的人那么多，情况那么紧急，张爱玲却相当镇定，对排在她后面的人说："我通话时间可能较长，你可以到另一个电话亭

打电话。"一到台北，麦卡锡先生派车到车站接到他们，先送王
祯和回信义路国际学舍。在新生南路上王祯和下了车，和张爱
玲挥手再见。看车子向阳明山方向驶去，他心里非常难过，仿
佛这一别就是永别。

　　其实这一别真的就是永别，王祯和从此之后再没见到过
张爱玲。他从台大毕业后，一边在部队当兵，一边开始写作，
出版了《嫁妆一牛车》《寂寞红》等小说集，成为台湾著名作
家。他与张爱玲的联系一直不曾中断，张爱玲有一封信不知怎
么写到她在香港听到鸡鸣，这封信让他的朋友水晶看到了，水
晶说张爱玲撒谎，香港怎么可能有鸡？水晶在香港住过，说得
振振有词，王祯和就拼命找理由为张爱玲辩护。张爱玲在另一
封信中提到访问台湾的经历被她写成了一篇长文 *A Return to the
Frontier*（《重返边城》），水晶又不开心了："怎么能说到台湾是
'回返边疆'呢？"文章中提到臭虫，水晶说："怎么可以说台湾
有臭虫？哪里有臭虫？"王祯和把这件事写信告诉了张爱玲，张
爱玲回信说臭虫可能是撤退到台湾带来的。

　　转眼王祯和退伍，到国泰航空公司服务，有机票可以免费
去美国。他写信给张爱玲，说要去波士顿看她。张爱玲回信说，
欢迎他去，不过她家比较小，安排王祯和住旅馆。那是王祯和
第一次出国，什么都不懂，也没找朋友，先到纽约，拿着地图
迷迷糊糊地找不到灰狗巴士站，很着急，打电话又打不通，结
果在纽约两星期也没找到。后来他写信告诉张爱玲，张爱玲回
信说：等了你一天，第二天头痛了一日。

　　几年后王祯和再去美国，此时张爱玲已搬到洛杉矶，他写信希望见到张爱玲。张爱玲回信说，相见不如怀念，你应该了解我的意思。这时候如果再去洛杉矶，应该是可以找得到她的，因为她住的地方是庄信正帮她搬的家。王祯和后来从爱荷华到洛杉矶就暂住在庄信正家。但是张爱玲既然开口说不想见面，王祯和还是尊重她的决定，不去打扰她，把要送她的花莲大理石托庄信正转交。王祯和说，后来没见面是对的，让他记忆中张爱玲永远是那青春的一面。时隔多年，王祯和把张爱玲的每一件事、每个动作、说的话都记得清清楚楚，包括她喜欢戴的大耳环……

# 平鑫涛：站在《窗外》的琼瑶先生

　　作为一位享誉华文圈的资深出版家，平鑫涛一生结交了两位著名的女作家：琼瑶和张爱玲。作为一位极有造诣的文学鉴赏家，他最终与琼瑶女士结为夫妇，却与张爱玲从未谋面。这是个人性格使然，也是不同的命运交会。但是在平鑫涛看来，他和她们的相逢都是另一则传奇。

　　平鑫涛后来在《瑰美的传奇·永恒的停格——结缘张爱玲》一文中这样回忆："六十年前中日战争后期，我在上海读高中，正进入所谓的'吞咽期'，疯狂地吞咽着大量的文学书籍。也就是在这个时候，我从《万象》和《西风》等杂志上读到了许多张爱玲的作品。

　　"《万象》杂志的发行人是我的堂伯平襟亚先生。据堂伯的女儿初霞告诉我，当年张爱玲是她家的常客。当她父亲因得罪日本人而入狱后，就更常见到张爱玲到访，为愁云惨雾的家庭带来许多温暖的友谊。在初霞的印象里，张爱玲一直是个又漂亮又可亲的大姊姊。

"那时候的张爱玲年纪很轻，不过二十多岁，可是在文学界已经锋芒毕露。当时中国的大部分地方还是相当保守，上海却是一个开放的城市，而张爱玲在一般上海人的心目中，更是一位思想行事都很前进的现代女性，成为许多年轻人仰慕的作家。她二十四岁那年出版短篇小说集《传奇》，风靡一时，并且历久不衰。

"抗战胜利，我进了大学，一方面阅读的范围骤然开阔许多，另一方面，张爱玲发表的作品也少了，所以在印象中不曾再读到她的小说。"

平鑫涛也没有想到，堂伯的编辑出版事业潜移默化地影响了他。作为一个毫无背景的苦孩子，为了学画，他竟然日复一日躲在绘画班门口偷学。为了省下钱来看电影，从来不舍得吃早餐。来到台湾后他最大的梦想就是像堂伯平襟亚那样创办一本有品位的好杂志。从任职肥料公司开始，到主编《联合报》副刊，他一步一步接近自己的人生梦想。1954 年创办《皇冠》杂志，慢慢步入正轨。平鑫涛根本没有满足，他随后就发行了《皇冠》杂志东南亚版与美国版。1965 年，在《皇冠》杂志的基础上，他终于创办了皇冠出版社。这时，他结识了张爱玲的好友宋淇先生，两人谈到张爱玲马上一拍即合，要在台湾重版张爱玲系列作品。平鑫涛学生时代就痴迷张爱玲，他的堂伯、

平鑫涛

《万象》杂志创办人平襟亚，可以算是发现张爱玲的伯乐。平鑫涛后来回忆说："一九六五年在香港，我遇到了宋淇先生，他是一位温文尔雅的读书人，我们一见如故，他很热心地推荐了好几位香港的作家给我，尤其是张爱玲。那时，张爱玲已旅居美国。

"听到张爱玲的名字，我觉得又亲切又高兴，出版她的作品，绝对是一个很大的荣幸。"

平鑫涛的堂伯平襟亚开启了张爱玲20世纪40年代老上海的人生传奇，而他则开启了张爱玲20世纪60年代在海外的第二次传奇。作为一位著名的出版家，他包揽了张爱玲的全部作品，从最早引起轰动的小说《传奇》到《流言》，到在海外创作的《赤地之恋》与《秧歌》。可能是版税收入可观，张爱玲也一鼓作气，把自己的代表作《金锁记》改为《怨女》，将《十八春》改为《半生缘》，全部交由皇冠出版社出版。

随着皇冠出版社的张爱玲经典小说一部部出版，张爱玲热从此在海外华文圈风行多年，至今仍然没有冷却下来——这是一桩非常神奇的事情。不但张迷越来越多，甚至出现了一大批靠研究张爱玲为生的学者与作家。更多的影视人也将目光瞄准张爱玲，她的作品一部又一部被改编成电影、电视剧。许多明星因为出演了张爱玲的作品而红极一时，这从客观上也带动了她的作品传播。

皇冠出版社的版税成了张爱玲最主要的经济来源，在1983年12月22日给夏志清的信中，她这样说："我一向对出版人唯一的要求是商业道德；这些年来皇冠每半年版税总有二千美元，有时候加倍，是我唯一的固定收入。"欣慰之情，溢于言表。张爱玲信任平鑫涛，把自己所有的作品全部交给皇冠出版社，包括她翻译的《海上花列传》《爱默生选集》和在美国写的《红楼梦魇》。此外还有《惘然记》《余韵》以及有自传性质的散文《对照记》，共计有十六部之多。

张爱玲的第一本书《传奇》没有交给平襟亚，然而她的最后一本书《对照记》与生平作品全集却全部交给了平襟亚的侄子平鑫涛，这已经不仅是"传奇"，简直是"拍案惊奇"。

张爱玲后来创作小说《小团圆》，初稿还没有完成就急急忙忙告诉了平鑫涛。当时平鑫涛正在出版她的自传体图文集《对照记》。平鑫涛告诉他的朋友，张爱玲还有一部真正的自传体作品《小团圆》。有人问他为何叫《小团圆》，平鑫涛说，大概含有张爱玲一贯的反讽吧。中国人讲究凡事的结局要"大团圆"，一生要功成名就，子孙满堂。可是，张爱玲揣度自己的一生，莫说"成功"，就连一般人的"圆满"也没达到。她无头衔、无功名、无房产、无子嗣、无金婚之福，一辈子都是"无产者"。但是，这样的人生结局如果不叫"团圆"又叫什么呢？于是，只能名之为"小团圆"。

《小团圆》书稿后来寄到了平鑫涛手里，它实际上有两稿，前一稿在20世纪70年代就已完稿。宋以朗表示，在整理张爱玲书信时，发现她20世纪60年代在美国，曾以英文撰写了23万字的自传性小说《易经》，因找不到出版社出版而作罢。一拖延，竟然就再也没写完。张爱玲在 1992 年写给宋淇的一封信中，曾明确提出《小团圆》小说要销毁。而后，她在 1993 年重写，结果第二稿没有写完。1994 年 2 月"皇冠"四十周年庆典时，曾有计划将《对照记》与《小团圆》合为一集出版。可是，后来因张爱玲身体的原因，一直没有将小说修改好。此外，张爱玲还考虑，两书合为一集，书太厚，书价也会太高，于是要求先出《对照记》，《小团圆》则放一放。谁也没有想到，这一放就放了几十年。在这几十年里，平鑫涛竟然与张爱玲一次面也没有见过，机会是有的，但是被张爱玲礼貌地婉拒。平鑫涛回忆说，1970 年左右，他曾计划借着赴美旅游之便，顺道前去拜访，但张爱玲在电话里告诉平鑫涛，当时她正在做一份研究报告，时间上非常紧迫，希望他半个月以后再去看她。然而半个月后，平鑫涛已从纽约转往欧洲，只好放弃对她的探访。没想到，错过了这次见面的机会，却是永远错过了。

张爱玲所说的半个月以后再去看她显然是借口，短期来美国旅行的人，谁会无所事事地在美国待上半个月？以坊间传说中的张爱玲的个性，平鑫涛不可能不理解她的做派，他后来说："张爱玲生活简朴，写来的信也是简单之至，为了不增加她的困扰，我写过去的信也都三言两语，电报一般，连客套的问候都没有，真正是'君子之交淡如水'。为了'快一点'联络上她，平日去信都是透过她住所附近一家杂货店的传真机转达。但每次都是她去店里购物时才能收到传真，即使收到了传真，她也不见得立刻回信，中间可能相隔二三十天。我想她一定很习惯

平鑫涛和他的太太、著名言情作家琼瑶女士

这种平淡却直接的交往方式，所以，彼此才可以维持三十年的友谊而不变。"

　　张爱玲的冷让她和她的文字越走越远，她最后成为文坛孤绝的风景。而琼瑶则不同，她是热的，所以她和她的文字紧紧贴近俗世，她与平鑫涛最后走到一起也是理所当然。两个人是一见钟情，而在当时，他们都身处婚姻的围城中。那是 1964 年的冬天，和张爱玲一样，琼瑶当时在台北的《皇冠》杂志上连载了一部长篇小说。有一天，居住在高雄的琼瑶忽然接到了一封从台北寄来的信。来信者是《皇冠》杂志的主编平鑫涛，他在信中说，向您通报一个好消息，自从尊作《窗外》发表后，读者一直希望见一见该书的作者。有些读者甚至将希望与您见面的意见直接反映给电视台。这次电视台《读书时间》栏目，决定举行一次《窗外》作者的电视访谈节目。所以，我代表电视台向您发出热诚的邀请。

　　琼瑶和平鑫涛虽然没见过面，可是她与他早就是老熟人了，平鑫涛对她有知遇之恩。当初琼瑶在高雄生活窘迫，投出的稿子无人肯出版，正是平鑫涛发现了她的才华。特别是当她贸然将二十万言长篇小说《窗外》寄给《皇冠》杂志的时候，如果没有平鑫涛，现在台湾文坛上肯定无人知晓她的名字。琼瑶接到来信后并没有像张爱玲那样找借口避而不见，而是马上赶到台北，在平鑫涛安排下接受电视台访问。那是他们第一次见面，平鑫涛亲自到火车站迎接。琼瑶那天穿了一身黑衣服，娇小玲珑，夹杂在一群旅客中走下火车，很惊奇地发现一位个子不高、方脸大耳、很有风度的男士站在那儿。两个人心有灵犀，她认定他就是平鑫涛。他也一眼就盯住了她，用很肯定的语气问道："你就是琼瑶吧？"琼瑶问他："你怎么会在众人中认出我来？"他笑道："从《窗外》里认识的，从《六个梦》里认识的，从《烟雨蒙蒙》里认识的。"他谈吐不凡，用的简直是诗一般的语言。

　　平鑫涛将琼瑶接到一个咖啡馆里，谈第二天去电视台接受采访的事。在交谈中平鑫涛发现琼瑶很稳重，他担心的是那些浅薄的女作者，只要发表了几篇小说以后，就会忘乎所以，甚至在别人面前放肆地夸夸其谈。可是静静坐在他身边的琼瑶，如今虽然因《窗外》一书的成功而名噪台岛，却仍然保持着一位社会底层女作者所特有的自重与冷静。平鑫涛越是夸奖她，她越感到几分发窘。毕竟与平鑫涛刚刚见面，彼此的通信只是一种纸上的交流。她发觉平鑫涛是个严肃认真的出版家，没有他也就没有她今天的大红大紫，她从心里充满着对他的感激。在他问到她的新作《几度夕阳红》的立意时，琼瑶说："我是力求一部比一部写得好些，当然，我的目标是自己超越自己！"

"自己超越自己！"平鑫涛没想到女作者的回答不卑不亢，显得沉静而稳重。这让见过文坛百态的平鑫涛不能不从心底产生好感。

第二天早晨，雨过天晴，平鑫涛开车来接琼瑶去电视台。再次见到琼瑶时，他忽然感到出现在自己面前的琼瑶要比他以前想的还要美丽清纯。尽管她已经二十五岁，并且是一个孩子的妈妈，可是，在平鑫涛眼里琼瑶仍然年轻而娇艳，她的身材虽然瘦小玲珑，又穿着一件黑色的外套，可平鑫涛仍从她那姣好的眉眼上发现了这女子的非凡之处。

琼瑶其人就如同她写的文章一样，有寻常女子无法具备的聪敏思想和对生活寄予厚爱的坚忍意志。平鑫涛对此早就在她的小说里见识过。特别是昨天与她在咖啡馆的一席交谈，使平鑫涛对琼瑶的认识又加深了一层。他觉得这位青春时期就遭遇未遂之恋的女孩的早熟与多思，凝成了她特有的文学天分，这是平鑫涛与琼瑶接触后得到的第一印象。

后来在电视台的录音室里，平鑫涛担心这位刚来台北的家庭妇女，在回答记者采访时会出问题，所以他一直守在摄像机旁。当记者向琼瑶提问的时候，他紧张得要命，生怕她的回答文不对题，特地瞅准一个机会凑上前去，在耳边悄悄叮嘱："琼瑶，你不要怯阵，其实世界上任何事情都不可怕。虽然是现场直播，其实也和咱昨天在咖啡馆里喝咖啡时一样，只要心平气和面对记者，什么事情都不会发生。"

琼瑶点点头说："谢谢你，平先生。只是你千万不要离开这里，我心里有一点怕。有你在，我就不会慌了。"

琼瑶嘴上这样说，内心却一点也不惊慌，反而应答自如。记者问："琼瑶，你的写作速度很惊人，每天你写多少字?""一个上午我可以写三千字。""琼瑶小姐，请问，《窗外》是你的处女作吗? 你为什么要写《窗外》?"琼瑶淡淡地说："在写《窗外》以前，我曾经尝试过许多长篇题材的写作，但是都没有成功。后来我决心写《窗外》。因为那是我自己的故事，那是我的初恋啊!"

平鑫涛在场外静静听着琼瑶的谈话，他觉得这位从高雄来的女作家从一开始就带着寻常人所不具有的女性魅力，鬼使神差地出现在他的生活里。经过漫长的坚持与等待，两个相爱的人分别离婚，最后走到一起，成就了一番更伟大的事业。如同张爱玲的一生是个传奇一样，琼瑶的一生也是一个传奇，这个传奇的缔造者，就是来自上海的出版家平鑫涛。

# 水晶： 十年难遇的幸运儿

1971 年 6 月，来自台湾的"张迷"水晶非常有幸地走进了张爱玲的家，进行了长达 7 个小时的畅谈。后来张爱玲告诉水晶，这是她十年来唯一的一次。她还说，好朋友这样的会谈也许终生才有一次。

作为十年一遇的幸运儿，水晶深感荣幸，后来他在《蝉——夜访张爱玲》中回忆："她当然很瘦——这瘦很多人写过，尤其瘦的是两条胳臂，如果借用杜老的诗来形容，是'清晖玉臂寒'。像是她生命中所有的力量和血液，统统流进她稿纸的格子里去了。她的脸庞却很大，保持了胡兰成所写的'白描的牡丹花'的底子。……她微仰着脸，穿着高领圈青莲色旗袍，斜着身子坐在沙发上，逸兴遄飞，笑容可掬。

"头发是'五凤翻飞'式的，像是雪莱《西风歌》里，迎着天籁怒张着黑发的 Meanad 女神。

"她的起居室有如雪洞一般，墙上没有一丝装饰和照片，迎面一排落地玻璃长窗。她起身拉开白纱幔，参天的法国梧桐，在路灯下，便随着扶摇的新绿，耀眼而来。

"远处，眺望得到旧金山的整幅夜景。隔着苍茫的金山湾海水，急遽变动的灯火，像《金锁记》里的句子：'营营飞着一窠红的星，又是一窠绿的星。'

"她早已预备好一份礼物，因为知道我去年订婚了，特地去购买了一瓶 8 盎司重的 Chanel No. 5 牌香水，送给我的未婚妻。这使我非常惶愧，因为来得匆忙，没有特别预备什么东西送给她。

"然后她又站起身来，问我要不要喝点酒，是喜欢 Vermouth，还是 Bourbon，因为一个人家里，总得预备一点酒，她说。我回说不会喝酒，她便去开了一罐可口可乐。她扎煞着手，吃力地揭开罐头盖口的时候，使我非常担心，深怕她一不小心，把手划破了，像她在《流言》里写的那样。

"此外，她又开了一罐糖腌蕃石榴，知道我在南洋呆过，可能喜欢热带风味的水果。我不能想像她会知道得我那样清楚，因为一直有个错觉，觉得自己在她眼中，是个无足轻重的人。"

水晶没想到张爱玲对他这个普通的粉丝如此高看一眼，张爱玲也不知道她出于礼貌的一次普通会见会成为她的一次破天荒的行动。所有的一切应该和那篇毕业论文《试论〈倾城之恋〉的神话终结结构》有关。

水晶（右）与钱锺书（左）合影

　　水晶原名杨沂，江苏南通人，15 岁去台湾，毕业于台湾大学外文系，毕业后到南洋教过书、当过翻译，32 岁时到美国读比较文学硕士，学成后在加州大学任教。他在台大读书时，就崇拜张爱玲，可以大段背诵张爱玲的小说。他的好友王祯和在台湾花莲接待过张爱玲，这让他羡慕不已，老是打听张爱玲来访的情况，可又不敢去见她。

　　1970 年 9 月，水晶获得了一个机会，到伯克利大学进修一年，当时的张爱玲恰好就在伯克利大学就职——这真是天赐机缘，再不见面于情于理都说不过去。他很容易就得到了张爱玲的地址，满心欢喜上门求见。哪知道张爱玲虽然近在咫尺，却又那样遥不可及。第一次到门口他揿了门铃，过了好久，才从送话器里传出一个声音，迟缓而且模糊："Hello?"张爱玲大概当他是跑街的送货员了。水晶一紧张，竟然也用英语作答，自我介绍了一番。张爱玲说："对不起，不能见，我感冒了，躺在床上，抱歉！"说完就把送话器挂断。水晶后来又尝试打电话联系，每一次都是无人接听。他不甘心，有一天正值周末，凌晨2点钟，他想试试看，一打，竟然打通了。

这一次，张爱玲与他多说了几句。水晶先是说了在花莲那时候如何仰慕而又不敢近前的往事，之后再次提出约见之请。张爱玲还是答身体不舒服，正躺在床上，婉言谢绝。但是要了水晶的住址和电话，说若是方便见的话，会先给他写张"便条"，然后请他打电话来联系。水晶眼巴巴地等了一个月，音信皆无，只好作罢。

转年很快到了暑假，水晶在伯克利进修期满，准备回到东岸去。他对会见张爱玲已经不抱希望，临走前，他把自己写的《试论〈倾城之恋〉的神话终结结构》影印了一份寄给她，算是留念。这篇论文终于感动了张爱玲，大概是文章写得实在太好，孺子可教，张爱玲马上回了一信："我总希望在你动身前能见着——已经病了一冬天，讲着都腻烦。"信里，她请水晶下星期找个时间来，不过，还是要先电话联系。

6月份的一个周末，晚上7点30分，水晶终于走进了张爱玲的寓所。他们这一谈竟然谈了7个小时。张爱玲生平不愿见人，见了也是话不投机半句多，与水晶这样的交谈，在她一生中绝无仅有。当然，他们的谈话并没有事先设置，都是随机的，谈到哪儿是哪儿。最先是从《怨女》开始，谈着谈着谈到了他们共同喜爱的小说《歇浦潮》。

水晶并非一味讨好张爱玲，有话直说，张爱玲也坦诚相待，偶像与粉丝越谈越投机，张爱玲情绪也被调动起来，明显变得亢奋。张爱玲站起身来，走到厨房里，替自己泡了一杯"即兴"咖啡。她不时用茶匙搅动着，搅得很细。她喝咖啡不搁糖，只放牛奶。然后张爱玲又替水晶端了一杯来。她说一向喜欢喝茶，不过在美国买不到好茶叶，只有改喝咖啡。水晶问起为什么不请朋友从香港或者台湾寄点茶叶过来。她连忙说，我顶怕麻烦人家，因为大家都忙，我什么事都图个简单。说罢，端起杯子来啜饮了一口。张爱玲喝咖啡的姿态，充分说明了所受的教养，很像亨利·詹姆斯一本名叫《波司登人》的小说的封面，那戴着半截手套的贵妇，一手端茶碟，一手侧倾茶杯，杯底向着人，极其优雅。

水晶顺便问起她的饮食起居，她告诉水晶，至于食物，一天只吃半个 English Muffin（一种类似烧饼的食品），以前喜欢吃鱼，因为怕血管硬化，遵医嘱连鱼也不吃了。水晶猜她大概喜食零食，将一天需要的消耗量，一点一点分开来吃，因为零食一道，也很会饱人的。张爱玲说她有患一种 High Cholesterol 病的可能性，还有一种"感冒"旧病，发起来可躺在床上，几天不吃饭，因为吃了都吐了出来，但是口渴却很难耐。说着，一杯咖啡已经饮完，她又去替自己斟了一杯来。张爱玲说她一喝起咖啡来，便喝个不停。

从《歇浦潮》很自然地谈到了《海上花列传》，最后又谈到《赤地之恋》，一路随意谈下去。水晶发现，张爱玲已经喝到第四杯咖啡。水晶突然一惊，他在张爱玲公寓谈得实在太久，如果再一直谈下去，怕是要谈到天亮。联想到她身体不舒服，他立即告辞。张爱玲马上拿出一本《怨女》英文本，题上自己的名字送给他。手捧《怨女》和张爱玲送给他女朋友的香水走上伯克利街头，时间已是凌晨两点半。

# 於梨华：不拿薪水的女佣

　　於梨华第一次见张爱玲，是夏志清带她去的。夏志清说，由他推荐，张爱玲 1967 年 9 月抵达麻州剑桥，在赖氏女子学院所设立之研究所专心翻译晚清小说《海上花列传》。张爱玲离开华府后，先在纽约市住上一两个月。夏志清首次去访她，於梨华也跟着去，三人谈得甚欢。夏志清说即在她公寓式旅馆的附近，有家上海馆子，周末备有小笼包子、蟹壳黄等点心，要不要去尝尝。张爱玲有些心动，但隔一两天还是来电话邀夏志清到她公寓房子去吃她的牛酪饼干红酒。显然她对上海点心兴趣不大，而且对夏志清的洋太太、女儿长相如何，一无好奇心。

　　於梨华后来在《来也匆匆——忆张爱玲》一文中写道："我一共见过她四次。第一次是 1966 年夏志清带我去看她。那时她住在纽约市百老汇六十几街上一个高楼的小公寓里，十分局促。

大概公寓小，更显得她人高大。实际上她不大，但的确比一般东方女性高。高而细。她脸盘大，不能归入瓜子脸、鹅蛋脸这一型的。眼珠略突，嘴巴不小，更不属于丹凤眼、樱桃小口类的。她是独具一格，且是令人注意的那种。她口音稍带上海腔，很细柔。她话不多，却不是因怕羞而不说的那种。"

　　到底是作家，於梨华描写得相当仔细。虽然那一次请客张爱玲拒绝了，后来夏志清还是请到了张爱玲，於梨华也跟了去，地点在百老汇 91 街的"全家福"，是吃早点。於梨华记得张爱玲吃相相当优雅，吃扬州包子时非常慢，而且一顿早餐她只吃了三个汤包，喝了小半碗豆浆。

　　一直到后来於梨华又一次看到张爱玲吃冰淇淋苏打的模样，这才恍然大悟，原来张爱玲一向偏爱西食，根本吃不来中餐。

　　1969 年在波士顿开亚洲学会，她和夏志清、庄信正、张爱玲又吃了一顿饭。於梨华说："那次吃早餐时她讲过她不在意百老汇的纷沓嘈杂，她在高楼上，望下来是车水马龙、熙攘的人间，各种声音，各种气味，一点不妨碍她的写作。对，她有超人的、特异的五觉：视、闻、味、听、感，于是她的作品才有精致的色彩、声音、服饰、景色、气味、行动等等无人能及的描述及展示，但她却不愿同世间人打交道。在她给我的信中，有一封她曾说：'我到台湾去的可能性不大，台湾有许多好处都是我不需要的，如风景、服务、人情美之类。我需要的如 privacy，独门独户，买东西方便，没有佣人，在这里生活极简单的人都可以有，港台都很难……从出了学校到现在，除逃难的时

於梨华

期外，一直过惯了这种生活，再紧缩点也还行。寂寞是心境关系，在台湾如找我的人多些，也只有多得罪人……'"

张爱玲因为害怕人际交往而拒绝定居台湾，这一点深得於梨华的认同。以於梨华丰富的人生经历，她不可能不理解张爱玲。她年纪不大却阅人无数，甚至初到美国时，她竟然做过不拿薪水的女佣，这是很多於梨华的读者无法想象的。

她当年之所以能够来到美国，与做女佣也不无关系。其实要说起来，她虽然出身书香门第，却也是一个地地道道的苦孩子。留学法国的父亲虽然在光华大学任教，因为时局动荡很早就失了业。后来带着於梨华奔走于福建、湖南、广西、四川等地谋生。抗战胜利前夕，又被老板派到台湾一家糖厂。少年於梨华跟随父母在华南、西南转了一圈，又由宝鸡、洛阳、南京兜到上海，再折回宁波老家，最后举家迁往台湾。

1953 年，她孤零零地来到了美国旧金山，来接她的是一个五十多岁的犹太人。这个犹太人是父亲在台湾认识的，在一次宴会上，父亲将於梨华介绍给他，希望他帮助女儿前往美国。於梨华开始着手准备，申请美国大学研究院的入学许可后，她立刻写信给已回到美国的那个犹太人。

两个月后，於梨华来到美国，住进了那个犹太人的家，却被告知：她可以住在他们家，吃住免费，但要为他们提供家政服务。言外之意，她已成为他家的女佣，而且是不收薪水的女佣——於梨华答应了。她的工作时间多半是在放学后的晚上，周末是她最忙碌的日子，打扫完七间屋子、两个浴室和一个厨房，还得清除院子里的杂草、整理花圃、扒去落叶，等等。此时，房子的主人——犹太人夫妇却是最快活的，他们外出吃饭，然后同朋友玩扑克牌，或是参与其他娱乐。这时候天色漆黑一片，呼啸的寒风，雨打落叶的声音，不知名的野兽在不远处哀嚎，空寂里猛然响起的电话铃——这一切都让初到异国他乡的於梨华感到孤独和恐惧。

在这个犹太人家里住了两个月后，主人几次见於梨华暗自流泪，就告诉她附近有一个加州大学分校的农学院，那里有两个中国学生，可去交往。一个星期日，在於梨华做完家务后，主人驾车送她去结识了那两个中国学生。又看见了中国脸，说上了中国话，於梨华激动得直想哭。农学院的两位中国学生很友好，积极计划帮她到洛杉矶转读一所更好的学校。可当她把新学校的入学许可证拿给犹太人夫妇看时，他们的脸犹如夏日风暴来临前灰暗的天空，两人同声大骂这个无须花一分钱雇来的女佣忘恩负义。她无语，不是没有一肚子话可以回敬，而是还不能用英文充分表达自己的愤怒。临行前的晚上，她发现那个犹太女人蹑手蹑脚潜入她的房间，打开她的行李检查。於梨华终于忍不住，坐起来大声质问她要干什么。那女人却若无其事地回答："我不相信你这个中国人，我要看看你拿了我家里的东西没有。"於梨华大吼："我拿了没有？"那女人耸耸肩，径自掩门离开。

於梨华的文学创作就从这时开始，第一部长篇小说《梦回青河》揭露中国旧式家庭对于妇女的迫害。小说先在台湾《皇冠》杂志连载，1963 年全书出版后又再版六次，不但被台湾的广播电台进行小说连播，还被香港邵氏公司购得电影制作权。於梨华信心大增，推出了一连串的短篇佳作，最后又创作了代表作《又见棕榈，又见棕榈》，这是描写留美华人作品中最成功、最有代表性的一部，写成于她到美国十三年后的 1966 年，次年出版即获得台湾最佳小说奖。夏志清说："这一则不太温馨而充分象征时代苦闷的恋爱故事是於梨华小说艺术已臻新阶段的明证。"

功成名就之后，於梨华在美国加州大学任教，邀请心目中的偶像作家张爱玲来作演讲，是理所当然的事，这应该是她与张爱玲最后一次见面，於梨华说："演讲是下午三点到四点，然后是半个小时学生发问。她订了一点半的飞机，由波士顿来。一小时内可到。我从中午起就开始紧张，从我家到机场只需十分钟车行，我巴巴的一点即出发。夜里虽落了场雪，但有大太阳，融了不少，一刻钟也就到了。早到。恰又碰上班机晚到二十分钟，我在候机室不知兜了几十个圈子，外加两杯黑咖啡，更显亢奋，见她下机时那份安闲才宁静下来。

"记得很清楚，她穿一件暗灰薄呢窄裙洋装，长颈上系了条紫红丝巾。可不是胡乱搭在那里，而是巧妙地调协衣服的色泽及颈子的细长。头发则微波式，及肩，由漆黑发夹随意缩住，托出长圆脸盘。眼珠有点突，没戴眼镜（通信中知道她戴眼镜的），想必有隐形镜片，所以看人时半抬下巴，半垂眼睑。我不认为她好看，但她的模样确是独一无二（one of its kind）。"

　　当时时间已经很紧迫，可是张爱玲却脚步从容。於梨华不好催促，只是对她说："我去把车开来，在二号门等你。"张爱玲进车后第一句话就是："我在飞机上时，就猜想你开的是红色跑车。"於梨华愣了一下，没有作答。她当时开的是辆小型 Vol-vo，不是跑车，却是红色的。她紧赶慢赶赶到学校时，已经迟了十几分钟——这对於梨华来说，是从来不曾发生过的事。可是张爱玲仍然不急，回头对她说："我去洗手间整理一下。"於梨华急得差点要跳脚，还是领着她来到洗手间。张爱玲站在镜子前，捋一下头发，倒退一步看了看，又捋了一下头发，其实头发是一丝不乱。然后她又审视一下脸上十分清淡的妆容，满意了，才由於梨华领着进入教室，这时已经足足迟到了二十分钟。

　　於梨华在文中写道："……在通信讨论演讲时，她说好了以演讲方式，但那天演讲时，她则念了稿，想必是因时间比预定的局促，念比讲快。内容我不记得了，只记得她的英文字正音润，十分道地。讲完有人发问，她也十分清晰但又十分简拒地回答，发问之间有冷场时，我坐在台下忐忑不安，她倒神态怡然，毫不窘迫。时间一到，她略点头，即走下台来。比较文学系为她准备的茶点，她推说要赶飞机，即辞谢了，只同系主任握了手道别。"

　　於梨华算好了时间，回波士顿的飞机是傍晚六点半，时间绰绰有余，不肯放她走，一定要请她吃晚饭。张爱玲说："晚饭吃不下，不如一起去喝点饮料。"於梨华同意了，带她到学校附近的咖啡室去。张爱玲要了一杯香草冰淇淋苏打，说完对她企盼地看着。高杯冰淇淋苏打送上时，她嫣然一笑，那神情完全像个孩童看到最心爱的玩具一样。於梨华说："她对我看的眼神及吸第一口冰淇淋苏打的神情我再也忘不了！她那么有滋有味地吃着，即使我有无数问题，都不忍提出来，唯怕打断了她的乐趣。等她吃完，我要为她点咖啡，她摇摇头，非常满足地靠在椅背上，闭目养神。纵使我满脑子里的七巧、季泽、薇龙、乔琪、流苏、柳原等人物想蹦出来，要我问她他们的来龙去脉，我也觉无从问起，即使问了，她也不会作答。何况她的确有点疲累的样子，我不忍心扰她。"

20 世纪 70 年代之后，於梨华与张爱玲中断了联系。於梨华后来说："她死讯传来时，在我眼前闪现的，却是二十多年之前，在小咖啡室里，她用麦管吸冰淇淋苏打时的全心一意的神态。"那是张爱玲留给她的最后的记忆。

# 戴文采： 捡垃圾的 D 小姐

"她真瘦，顶重略过八十磅。生得长手长脚，骨架却极细窄。穿着一件白颜色衬衫，亮如佳洛水海岸的蓝裙子，女学生般把衬衫扎进裙腰里，腰上打了无数碎细褶，像只收口的软手袋。因为太瘦，衬衫肩头以及裙摆的褶线光棱棱的始终撑不圆，笔直的线条使瘦长多了不可轻侮。午后的阳光邓肯式在雪洞般墙上裸舞，但她正巧站在暗处，看不出衬衫白底上是不是印有小花，只觉得她肤色很白，头发剪短了烫出大鬈发花，发花没有用流行的挑子挑松，一丝不苟的开出一朵一朵像黑颜色的绣球花。她侧身脸朝内弯着腰整理几只该扔的纸袋子，门外已经放了七八只，有许多翻开又叠过的旧报纸和牛奶空盒。她弯腰的姿势极隽逸，因为身体太像两片薄叶子贴在一起，即使前倾着上半身，仍毫无下坠之势，整个人成了飘落两字，我当下惭愧我身上所有的累赘太多，她的腿修长怯伶，也许瘦到一定程度之后根本没有年龄，叫人想起新烫了发的女学生，我正想多看一眼，她微偏了偏身，我慌忙走开怕惊动她。佯装晒太阳，把裙子撩起两脚踩在游泳池浅水里，她也许察觉外头有人，一直没有出来，我只好回房，待我一带上门立即听到她匆匆开门下锁急步前走，我当下绕另外一条小径躲在墙后远远看她，她走着像一卷细龙卷风，低着头仿佛大难将至仓皇赶路，垃圾桶后院落一棵合欢叶开满紫花的树，在她背后私语般骇纷纷飘坠无数绿与紫，因为距离太远，始终没看清她的眉眼，仅是如此已经十分震动，如见林黛玉从书里走出来葬花，真实到几乎极不真实。岁月攻不进张爱玲自己的氛围，甚至想起《绿野仙踪》。"

这一段对张爱玲著名的描写就是出自台湾记者戴文采笔下，她的另一个身份是张爱玲的超级粉丝。为了接近深居简出、与世隔绝的张爱玲，她只身来到美国，潜伏在张爱玲隔壁，偷偷窥探张爱玲的神秘行踪，甚至翻她丢弃的垃圾："我在她回房之后，半个身子吊挂在蓝漆黑盖大垃圾桶上，用一长枝菩提枝子把张爱玲的全部纸袋子勾了出来，坐在垃圾桶边忘我的读着翻找着，在许多满怀狐疑的墨西哥木工之前，我身上浆白了的浅灰棉裙子与垃圾桶参差成优雅的荒凉，我与张爱玲在那大下午的巷里，皆成了'最上品的图画'。"

戴文采是极其偶然地得到了张爱玲的地址，当时她在《美洲中报》工作，她写了一封信给张爱玲，说自己从十九岁开始

张爱玲在美国住过的公寓

就崇拜她，希望能采访她，张爱玲当然不见。戴文采却没有轻易放弃，她当时就在美国，为了近距离接近张爱玲，她明目张胆地搬入张爱玲的公寓，并且指定要住在张爱玲隔壁，而且用的全是真名实姓。她后来回击报刊对她的指责，我也没有过欺她的企图呀！如果张爱玲到公寓管理处打听一下，立马就能弄明白隔壁这个邻居是何方神圣，但是张爱玲没去打听，也不会去打听。戴文采等了半个月，一直等到张爱玲隔壁房客搬出，她才堂而皇之地成为张爱玲的邻居。

这幢公寓是这条街上的高级公寓，房租昂贵，一个月三百八，签约须半年，押租五百块，另扣清洁费五十，住不满半年押租不退。预订房间后还得先缴"银行户头信用检查费"二十五块。戴文采与张爱玲的房间皆在通道底，每一个房间有一扇落地窗，窗口是抽屉般小巧的阳台，视线只有前方，无法偷窥到邻居。

戴文采入住后每天重复做的一件事，就是将耳朵紧紧贴在墙壁上，谛听隔壁张爱玲的动静，半夜三更也不会停止。令人失望的是，多半时间隔壁没有一点声音，仿佛阒寂无人。偶尔隐约传来电视机声，戴文采恨不能欢呼雀跃。但是半个月过去了，她还没有看到张爱玲的芳踪与倩影，只好去楼下眺望张爱玲窗口。

就在戴文采陷入绝望之际，张爱玲出来扔垃圾。就是那一袋垃圾，让戴文采写出了一份影响广泛的张爱玲垃圾报告。

戴文采将这份长达万字的《华丽缘——我的邻居张爱玲》投给了台湾的《中国时报》副刊《人间》，主编季季看到后大吃一惊，马上给纽约的庄信正先生打去了电话。庄信正即与张爱玲联系，他的电话张爱玲十次有九次不接，但是这一次碰巧她接了。庄信正说，现在你隔壁房间住了一个 D 小姐，据说是台北的报社派来的……张爱玲迅速放下电话，她所做的行动就是马上搬家。戴文采很快得到消息，张爱玲搬家也没有关系，戴文采现在要做的就是等待"垃圾报告"的发表。

按一般习惯来说，戴文采应该不能算张爱玲的朋友，她因为潜伏在张爱玲的隔壁，甚至偷偷翻张爱玲的垃圾而在张爱玲的粉丝中有着极高的知名度，当然也饱受抨击。一位超级粉丝追星追到如此疯狂的程度，在作家身上可以说绝无仅有。从另一个侧面也可以说，张爱玲在读者心目中的分量到底有多大。

戴文采

对于自己引发的张爱玲的垃圾事件，戴文采后来说："人才恐怕其实应该分天才与地才。常常我们惺惺相惜把许多有'天才症候群'的同类，嘉许或互相标榜为天才，其实都仅仅能列入地才。……

"我终于见着张爱玲时，几乎有一种震动的不安，我当下辨清自己只是个地才。而我也懂了她是宁可与无才朝夕相对，也不愿地才为她不安。'对人世有不胜其多的抱歉'。但悲天悯人实在仍是定型人情，于天才多所不惯，所以宁可不见。小时候看七仙女动了怜才之念下凡遇董永，天才的绝顶聪明借了地才的肉身，张爱玲就是这样自己与自己互相扞格叛逆着，这个世界注定了是地才的地盘——'在人世里诸天游戏'到底缚手缚脚。我的这段文字显然受《今生今世》太大的影响，但我亦未觉贫乏，反而喜悦于印证张爱玲的传奇也即是她的最真实。"

# 不了情

美国，1955.11 — 1995.9

　　张爱玲在美国洛杉矶居住过的公寓， 她在洛杉矶生活多年。 1995
年9月， 张爱玲在洛杉矶一公寓去世。

# 胡适：像个猫脸小男孩

　　1952 年，离开内地来到香港的张爱玲在美国出版了长篇小说《秧歌》。小说出版后影响很大，张爱玲认为可以拿得出手了，当即寄了一本给远在美国的胡适先生，她在信中说："很久以前我读到您写的《醒世姻缘》与《海上花列传》的考证，印象非常深，后来找了这两部小说来看，这些年来，前后不知看了多少遍，自己以为得到不少益处。我希望您肯看一遍《秧歌》。假使您认为稍稍有一点接近'平淡而近自然'的境界，那我就太高兴了。这本书我还写了一个英文本，由斯克里布出版公司出版，大概还有几个月，等印出了我再寄来请您指正。"

　　表面上看，张爱玲出书后给师长胡适寄一本，是人之常情。但是对于一向孤芳自赏、不屑见人的张爱玲来说，此事并非如此简单。她一反常态，在与胡适从未谋面，也没有任何书信往来的情况下主动寄书寄信，其实是有着她的用意——一来，想借此试探胡适文学上的眼光；二来，想试试胡适是不是世故之人。因为接下来她要有一个重大行动：前往美国。

不久，收到《秧歌》的胡适给张爱玲回了一封信，信中说："我很高兴能看见这本很有文学价值的作品。你自己说的'有一点接近平淡而近自然的境界'，我认为你在这个方面已做到了很成功的地步！"

胡适的信很长。看到寄回来的书上圈圈点点，张爱玲又吃惊又兴奋，很快给胡适回了一封信。因为对胡适太过尊重，她的朋友竟然帮她保存了这封信的底稿。几番书信来往，张爱玲与胡适之间又多了一份亲近。

书来信往，这是张爱玲与胡适正式交往的开始。要说神交，那就久远了，很小的时候她就开始阅读父亲桌上的《胡适文存》和胡适注了标点符号的《海上花列传》。母亲和姑姑常在家念叨胡适，她们和胡适打过麻将，看到报上胡适的照片，还取笑他，适之这样年轻，像个猫脸小男孩。也可以这样说，打小开始，胡适就在张爱玲心底留下了不可磨灭的印象。

其时张爱玲在香港已经待了三年，三年里她始终心不在焉，一直把香港当成一块跳板。她的目标是美国，只是一直没有机会。

1953 年，美国颁布了难民法令，这让张爱玲看到了希望。当时的难民法令规定，允许学有所长的外国人迁居美国，并可以逐步过渡为美国公民，其中远东地区指标为两千人，主要给居住在香港的内地人士。张爱玲符合这两种最主要的条件，她马上向美国方面提出了入境申请，并且由香港美新处负责人麦卡锡做入境担保人。张爱玲就在这段时间与胡适频频通信，一个最主要的目的，就是为不久以后在美国的发展铺平道路。

胡适在中国作家眼里是一个标高，张爱玲自然是仰望的。但是在她最红的那几年里，曾对胡大师说过不怎么恭敬的话。在《诗与胡说》里，她写道："中国的新诗，经过胡适，经过刘半农、徐志摩，就连后来的朱湘，走的都像是绝路，用唐朝人的方式来说我们的心事，仿佛好的都已经给人说完了，用自己的话呢，不知怎么总说得不像话，真是急人的事。"那时候，她盛名之下红得发紫，胡说些轻狂话自然也可以原谅。现在呢，繁花散落，千帆过尽，她的人生捉襟见肘地窘迫，在香港又饱受挫折，希望另觅生机。她给胡适寄书、写信，并非一时雅兴或以文会友，她没有这个兴趣，这不符合她此时此地的心境。她与胡适联系，实在是深思熟虑的结果。她打小就知道胡适，却在此时表露她的仰慕之情。她敏感、自尊，当然也脆弱，她给胡适写的几封信看似普通、随意，却也圆巧、谨慎，如何起头，如何叙说，如何暗藏机锋，如何点到为止又暗露心迹，处处都有她的无奈和女人隐藏得很深的心机——这也是一个被生活折磨得疲惫不堪的女人想从头再来的一种渴望。

1955 年秋天，张爱玲如愿以偿地到达美国，刚刚安顿下来，便和好朋友炎樱一同去见胡适。那时，胡适住在纽约东八十一街一〇四号五楼 H 号，被江冬秀称为"简陋的小公寓"，老夫

胡适在美国的书房，张爱玲曾在此静坐

老妻在这里过得清贫而落寞，没有职业，没有收入，靠着过去
不多的一点儿积蓄过日子。

　　张爱玲在生人面前一向萧索，纵然心有千言万语，表面上
却一片冷淡。和胡适大师面对面坐着，不免有些尴尬。倒是炎
樱显得活泼些，胡适和江冬秀都很喜欢炎樱。江冬秀一个劲地
问："你是哪里人？老家在哪里？"也许怕张爱玲坐着受冷落，
江冬秀给她们端来两杯茶。喝着江冬秀泡在玻璃杯中的绿茶，
张爱玲就有了一种"时空交叠的感觉"，觉得眼前的一切都不真
实。

　　这次见面只是见面，张爱玲和炎樱略略坐了一会儿，和胡
适并没有多少交流。但张爱玲算是向胡适表明：我到美国来

了。炎樱对这次见面倒很兴奋，过了几天，她跑来告诉张爱玲："喂，你那位胡博士不大有人知道，没有林语堂出名。"林语堂在美国出名一点儿不假，张爱玲来美国的一个心愿，就是做一个女版的"林语堂"。大概她认为林语堂那些《京华烟云》之类的小说她也能写得出来，而胡适的学问她是断断做不出的。张爱玲不知道，其实此时胡适在美国异常艰难，基本上是诗中描写的"门前冷落鞍马稀"，与昔日在美国做大使时的前呼后拥简直无法比。胡适多次说过，他在纽约做寓公期间，租住的是一间非常"简陋的小公寓"，那间张爱玲去过的小公寓确实简陋得有点寒酸。当时胡适、江冬秀都是六十多岁的老人，在异国他乡没有亲朋走动，又没有儿孙在身边，更不会开车，这是胡适一生最暗淡的岁月，他的心情灰暗到了极点。

　　离上次见面一个月过去了，张爱玲在美国仍然过得昏头昏脑，糊糊涂涂，一切都没有头绪，求职更不得要领。虽说住在好友炎樱那里，但是终非长久之计，她一向不愿麻烦别人——即便这个"别人"是好友或亲友，那也不行。炎樱认识一个朋友，出主意帮她申请住到"救世军"那里去，也就是美国的难民营。但是手续办起来很麻烦，她心里也有一点儿隐隐的恐惧。漫无头绪中，她又一次想到胡适。她并非要得到他的具体帮助，只是想去聊一聊。她的境况其实不需她开口多说，胡适也是一清二楚。

　　那天胡适将张爱玲引进书房，江冬秀泡上一杯茶就退了出去，将时间让给这两个同样喜欢读书写字的人。能到胡适书房里入座，对张爱玲来说，也是一种安慰，他们的关系好像更进了一步，起码和上次相比是这样。那天天很冷，屋子里没开暖气，人有点缩手缩脚。在张爱玲对面，是一排书架，书架很高，一直挨着房顶，似乎是定制的，否则不会有这么高大、这么合适的书架。令人奇怪的是，这些一面墙似的书架没有搁书，空格子里全是一摞摞的文件夹子，多数是乱糟糟的，有的露出一截子纸。那些纸头密密麻麻的，整理起来需要花很多的时间、心力，张爱玲一看见就心悸。

张爱玲本来就不太会说话，面对胡适更是"如对神明"。两个人都有点神情寡淡。张爱玲很害怕，害怕冷场，她心里面其实很紧张，好在手上握着江冬秀泡的一杯热茶。胡适倒没觉察什么，有时候开口说几句，有时候就不说，仿佛在思考着什么。

张爱玲一沉默，胡适也把脸一沉，换了个话题，两个人不知怎么就谈到了读书上面。胡适忽然说："你要看书可以到哥伦比亚图书馆去，那儿书很多。"他自己没事时就坐着公交车到那里翻看来自中国的报纸。张爱玲一听胡适这么说，忍不住笑了起来，因为她那时候经常到纽约市立图书馆去借书。那家图书馆很小，她觉得挺合适，她一向没有到大图书馆查资料的习惯，也不喜欢买书，想看的书借来看看，马上送还，所以她从来不藏书。一个写书的人，家里竟然找不出几本书，说起来匪夷所思，这与胡适完全不同。

也就在这次见面时，胡适向张爱玲说起他们两家祖上的交往，胡适的父亲胡铁花人到中年能出外谋官，得益于张爱玲祖父张佩纶的推荐。张爱玲家里一般不提祖父，她也没什么兴趣。一直到《孽海花》出现，她对家族才生出一点兴趣。一问父亲，父亲却没什么兴致，很不耐烦地说："都在爷爷的集子里，自己去看。"她请私塾老师帮她将那些霉味扑鼻的线装书搬到饭厅里，一本一本打开来看，典故又多，人名无数，看了半天，除了吸进去灰尘与霉味外，什么也没看到，又不好意思去问，悻悻地合上书，睡觉去了。

1955年感恩节那天，炎樱带张爱玲到一个新认识的美国朋友处吃饭。那天吃的是烤鸭，张爱玲吃得满头大汗，加上饭店里暖气开得很足，她脱了外衣。吃完饭，她和炎樱告辞出来，外面已是灯火一片。张爱玲很兴奋，后来说："新寒暴冷，深灰色的街道特别干净，霓虹灯也特别晶莹可爱，完全像上海。"炎樱也很高兴，两人兴致都很高，不坐车，在马路上一路暴走。可能是冷风吹的，也可能是烤鸭吃得太多，回到家一进门她就狂吐不止。刚刚处理完呕吐物，电话铃声大作，是胡适打来的，胡适在电话中亲切地说："爱玲女士，今天晚上是美国人的感恩节，我请你出来跟我们一道去吃饭，到中国的馆子里吃火鸡，美国人在感恩节都要吃火鸡的。"张爱玲一听，满脸愧疚，不好意思地说："适之先生，我刚刚和炎樱吃了馆子回来，吃的是烤鸭，也许是为了照顾我们中国的胃口，可惜我刚才全吐了。"胡适有点遗憾："哦，那不凑巧，我还怕你过节寂寞，你才吃了回来，又吐了，那就算了吧。"张爱玲连声道谢，然后放下电话。

　　就在感恩节过后没几天，炎樱带回来一个好消息，"救世军"职业女子宿舍同意接收张爱玲了。张爱玲当即搬了过去。总算有了个落脚之地，她一时竟然十分高兴，完全没有考虑到"救世军"是怎样一个地方——一处专门收容难民的难民营，居住在那里的不是穷困潦倒的酒鬼，就是一些絮絮叨叨始终在抱怨的胖女人。张爱玲住了一段时间后，有些不堪忍受。有一天，胡适先生突然到难民营来看张爱玲，来得太突然了，张爱玲手足无措——只好请他去客厅里坐坐。所谓的客厅并不是张爱玲独享的，而是整个"救世军"大客厅。里面黑洞洞的，足有学校礼堂那么大，还有个讲台，台上有钢琴，台下空空落落放着些旧沙发，没什么人。干事们鼓励大家每天去喝下午茶，谁也不肯去，似乎住在这里谁也没有那个闲心情。

　　张爱玲是第一次到这里来，领着胡适东看看西望望，两个人脸上都是无可奈何的笑。胡适边看边说："蛮好，蛮好的，很好呀，你住在这里。"张爱玲只是附和着他，笑着，心里却在想：还是我们中国人有涵养，都住到难民营里来了，还好，到底好在哪里呢？

　　两个人在礼堂里转了一圈，有几个人远远地看着他们，神情冷漠。张爱玲也不知往哪里去，到她的那个鸽子笼一样的宿舍？肯定不合适。可是这个地方除了这个礼堂，又实在找不到一个可以落座的地方，两人只是随便走走。转过一道门，是一条长长的走廊，里面放着长排椅子，可能有点累了，也相中了

在美国的胡适先生

这里的安静，张爱玲带着胡适坐下来——看看椅子上有灰尘，张爱玲在适之先生落座前，帮他将灰尘掸了掸，然后两个人并排坐下来。

张爱玲有点热，这才发现礼堂里开了暖气，她将围巾解开来拿在手里，默默地低着头不说话。也许想和适之先生说点什么，一时又不知从何说起。能说什么呢？她的境况其实不用多说。而现在，她似乎也看出来，胡适的处境也非常困顿，正处于人生最低谷，即便适之先生现在想帮她，也没办法帮上什么忙，因为他自己也有点自身难保。张爱玲坐在胡适身边，似乎在想着什么，其实什么也不想。她理理围巾，然后沉默下来——这一刻她即便沉默着也不觉得有多难堪，因为她并没有刻意要隐瞒什么，想得到什么，她的一切坦荡地放在这里，就如同她看到的适之先生的一切。一切也都放在那里，让人一目了然。

气氛有点沉闷，两个人坐了一会儿出来，胡适仍然东张西望，他心里想着什么，张爱玲并不清楚，他好像确实对张爱玲现在的一切比较满意，嘴里不停地说："蛮好，真的蛮好。"张爱玲看了他一眼，心里想着：怎么回事，一个劲地说好，到底好在哪里？但是从胡适的脸色看，他好像并不是在说敷衍的话。也许他说的好，不是实指张爱玲现状，而是指她并没有什么虚荣心。张爱玲也确实没有任何虚荣心，可能她的真实目的，就是想让她"如对神明"的适之先生能一目了然地看到她的生活状态。胡适看到了，也仅仅是看到了。

　　两个人似乎再没有什么可说，也没有什么可看，胡适提出告辞，张爱玲送他到大门外。她的外衣脱了放在礼堂里，还没来得及去拿，两个人就站在门外台阶上说话。那一天风很大，天也有点冷，刚才只顾着和胡适先生说话，并不清楚外面的温度，一阵风吹来，张爱玲抱紧胳膊。两个人站定了，互相望着，彼此都没有说话，不知道说什么，也不需要说什么——张爱玲突然想流泪，因为这场面太像中国一句俗语里说的：老乡见老乡，两眼泪汪汪——两人都是才高八斗的才子才女，同为安徽老乡，同在上海滩上红极一时。现在各自漂洋过海来到纽约，穷困潦倒一无所有。未来在哪里？结局怎么样？一切都是未知数，人生的悲凉与无望在这一刻尽显。

　　隔着一条街，就是美国的一条大河赫贞江，它从纽约流入大海，这一段江面异常宽阔，从江面上吹来的冷风和呜咽的汽笛惊醒了冥想中的张爱玲和胡适。张爱玲后来回忆说："适之先生望着街口露出的一角空濛的灰色河面，河上有雾，不知道怎么笑眯眯的老是望着，看怔住了。"那天胡适裹着大围巾，将自己的脖子围得严严实实，整个身子也缩在半旧的黑大衣里，厚实的肩膀与腰身，头脸相当大，整个人仿佛凝成一座古铜的半身像。张爱玲看着，突然浑身一震，这样想着：原来是真像人家说的那样，偶像都有"黏土脚"，否则就站不住，不可信。张爱玲说："我出来没穿大衣……站久了只觉得风飕飕的。我也跟着向河上望过去微笑着，可是仿佛有一阵悲风，隔着十万八千里从时代的深处吹出来，吹得眼睛都睁不开……"

这是张爱玲与胡适最后一次见面，也是最后的离别。

1956 年 2 月，张爱玲搬离纽约，去了美国的东北部。这时，生存问题迫在眉睫，多次碰壁的结果是，她决定不再求职，而是效仿美国一些作家，向写作文艺营之类的文艺组织寻求帮助。新罕布什尔州麦克道威尔文艺营同意了她的申请。在这里，她遇到了赖雅，两人在炎樱的见证下结了婚。这一切张爱玲都写信告诉了胡适，她和胡适通信并不多，但她把自己的重大变故都告诉了他。

1958 年，张爱玲申请到南加州亨廷顿·哈特福基金会居住半年，享受写作资助。这其实也是一处文艺营，需要有人担保，张爱玲写信请求胡适作保，胡适很快同意了。

也就是在这一年的 4 月，胡适实在无法在美国生活下去，决定返回台北。江冬秀什么都要带走，包括那张破旧的双人木床。胡适劝不住她，只好同意。结果那张木床从纽约一路托运到台北，让搬家工人吃尽苦头，所需的工钱能买上好几张这种廉价木床。江冬秀始终不屈不挠，就是认为这张木床好，只要爬上这张木床，她倒头就能睡。胡适却不是这样，就是再好的床他也无法静心安眠，他的真正故乡其实是在徽州深山，亚热带海岛的季风，根本无法吹散游子心头的愁云惨雾。

返台几年后，在"中研院"第五次院士会议上发表演讲时，胡适心脏病突发，倏然辞世。

张爱玲后来说："不记得什么时候读到胡适返台消息，又隔了好些时，看到噩耗，只惘惘的。是因为本来已经是历史上的人物？我当时不过想着，在宴会上演讲后突然逝世，也就是从前所谓无疾而终，是真有福气。以他的为人，也是应当的。直到去年我想译《海上花列传》，早几年不但可以请适之先生帮忙介绍，而且我想他会感到高兴的，这才真正觉得适之先生不在了。往往一想起来眼睛背后一阵热，眼泪也流不出来。"

# 马宽德：哈佛毕业的富二代

　　麦卡锡在接受记者采访时回忆，在美国颇负盛名、曾获得普利策小说奖的作家马宽德访港，他负责招待。那天是个星期日，麦卡锡请马宽德与张爱玲吃中饭，张爱玲的盛装引起马宽德的好奇与兴趣。

　　张爱玲去哪儿都喜欢盛装出行，那次会见马宽德，她非常隆重地打扮了自己，第二天中午如约来到半岛酒店。那是她母亲黄逸梵最喜爱的香港酒店，当然也是她最喜爱的酒店。来之前她花了三个小时化了一个精致的妆容。虽然来到香港一直潦倒，但是在衣着打扮上她从来不曾马虎过。衣装打扮时髦而优雅是她的习惯，也让她对未来充满信心。她将头发盘成爱司头，用簪子簪住。不是所有的头发全簪住，挑出两绺长长地从鬓边飘逸而下，走动起来，它们便飘飘欲飞，有一种动感。旗袍是士林蓝色，是姑姑给她的，虽然穿过很多水，但是一点没有褪色，像新的一样。外套是一件葱绿织锦、黑缎宽镶的夹衣，上面饰有云头花朵。脚上是一双拖鞋，露出她那染成绿色的脚指甲。

张爱玲一出现就让麦卡锡和马宽德惊讶，他们看着张爱玲，目光里流露出极度的兴奋。张爱玲从前在上海那种令人惊艳的美好感觉又找回来了，真是久违了的感觉。她脚步轻快，翩翩而入，轻轻落座，然后冲麦卡锡和马宽德礼貌点头，问好。马宽德也礼貌地向她问好，悄悄问麦卡锡："她的脚指甲怎么会是绿色的?"麦卡锡很快翻译出这句话，张爱玲随口答道："哦，那是外用药。"这一回答太机灵了，麦卡锡和张爱玲同时哈哈大笑。马宽德不明就里，有点发窘，以为自己问了不该问的东西。张爱玲和麦卡锡看着他涨红了的脸，又忍不住大笑起来。

这时候开始上菜了，麦卡锡才收住了笑，改换话题对马宽德说："这个半岛酒店，这个柚木露台，可以看到整个美轮美奂的浅水湾，这是张爱玲小姐最津津乐道的地方，她的几部著名的小说，都以此为背景。"马宽德终于逮着报复的机会："不会吧?《秧歌》就不会写到这里……"张爱玲笑了，麦卡锡说："当然，当然，《秧歌》是个例外。"马宽德说："我昨晚看了张小姐写的《秧歌》第一章、第二章，毫无疑问，这是一部超一流的小说，我相信它会在美国获得成功，我要将它带到美国去，向与我合作的最好的出版人推荐它。好的小说如同美食，一定要让更多的人来品尝，分享。"马宽德说着，一直看着张爱玲。

麦卡锡举起杯："来，我们共同干一杯。我相信马宽德对张爱玲小姐的小说，和对她的奇装异服一样感兴趣。"他们又同时笑起来。

那天张爱玲喝了不少酒，这对她来说是破天荒的。她自始至终很开心，她一直主导着气场，好像考试的时候坐下来一看题目，答案全是自己知道的，心里是那样的兴奋，又感觉到一种异样的平静。

马宽德回到美国后，将《秧歌》推荐给美国的出版社，得以出版。许多著名报刊，像《纽约时报》和《星期六文学评论》，都为《秧歌》刊发了书评。

张爱玲信心满满地来到美国，仍然没有忘记马宽德。她后来申请入住麦克道威尔文艺营，需要作家推荐，张爱玲写信给胡适与马宽德，得到他们的鼎力推荐，使她顺利入住。

张爱玲在这之前创作的小说《十八春》，以及 1968 年以《十八春》为蓝本改写的小说《半生缘》，故事框架其实全部来自马宽德的长篇小说《普汉先生》，这张爱玲是承认的。她的文风一向华丽，但是到了《十八春》这里，却变得清新淡雅，这与《普汉先生》的质朴宁静的风格极其吻合。重要的一点在于两书的结构惊人的一致，《普汉先生》中是波士顿和纽约的双城记，而在《半生缘》中则是南京和上海。人物关系的设置更是如出一辙，普汉对应世钧，玛文对应曼桢，凯对应翠芝，比尔对应叔惠。细节上的设计也一模一样，比如狗、煤气味道、行李箱等。令人咋舌的是那一句百回千转的"我们回不去了"，竟然也是直接从《普汉先生》中复制过来。

张爱玲对此并不否认，在一封写给宋淇的信中，她明白无误地承认。这是张爱玲与马宽德的缘分。在她还不认识马宽德的时候，她就动手改编了马宽德的小说，并且获得了相当的成功。她是如何把美国小说改造成了轰动上海的言情经典？空间、人物的改动自不必说，毕竟张爱玲需要讲一个中国故事。就技术层面来说，第一，她变动叙事的角度——《普汉先生》是第一人称叙事，《半生缘》是第三人称。而用第三人称写，也一直是张爱玲最拿手的。第二，加情节。《半生缘》中，曼桢姐姐曼璐，隐隐对应《普汉先生》中普汉的妹妹玛丽，但又有位移，亲戚关系变了。而曼璐丈夫的形象，则是上海式的，是张爱玲创造的。曼桢在阁楼里的一段，也显然是融合了张爱玲早年被父亲关在阁楼的亲身体验——张爱玲常常不放过任何一个写作资源。就情感浓度来说，《普汉先生》更淡雅，《半生缘》更苍凉，更像是一个"苍凉的手势"。

马宽德 1893 年出生于特拉华州最大的城市威尔明顿，成长于纽约郊区。1915 年哈佛大学毕业，先后做过报纸和周刊记者。第一次世界大战爆发后，他在军队服役。他的写作生涯从通俗故事起步，靠间谍系列小说摩多先生的故事赢得了大批读者。后来凭借小说《波士顿故事》获得了普利策奖。他的小说的永久主题是描写美国上流社会以及那些渴望进入上流社会的人。马宽德以尊重与讽刺相结合的手法描写了这些被不成文的规矩所约束着的人。他的经历与赖雅相似，他的小说与张爱玲相通。

世间的事就是如此有趣，他们之间萍水相逢的缘分，好像上天早就安排好了，也只能是上天早就安排好了——赖雅成为张爱玲的先生，马宽德成为张爱玲的朋友。

# 赖雅： 最称职的补锅匠

## 一

1956 年冬天，大雪纷飞，从香港来到美国的张爱玲，只身一人来到美国新罕布什尔州群山之中的麦克道威尔文艺营，免费生活三个月。在这里，她遇到了后来成为她先生的甫德南·赖雅。

1891 年出生的赖雅和张爱玲一样，从小就是个天才。二十岁之前他就创作出一部诗剧《莎乐美》，引起校长吃惊。大学毕业后他顺利进入哈佛攻读硕士，一部话剧《青春欲舞》让他备受瞩目，被推荐到声名显赫的麻省理工学院教书。在教书之余，他又迷上了棒球与摄影。他兴趣如此广泛，每一样都只能浅尝辄止，只是对文字的爱好始终如一。

1914 年，他脱离了麻省理工学院，进入《波士顿邮报》工作，最终和张爱玲一样成为一名自由撰稿人。这期间他与女权主义者吕蓓卡·郝威琪结婚，很快有了一个女儿菲丝。但是像他这样的浪子注定无法忍受家庭与婚姻的约束，与妻子离婚后他扔下孩子远走天涯。1931 年 8 月，赖雅从前认识的一个朋友、好莱坞大导演约翰·休斯顿找到他，请他到好莱坞来做编剧。当时的好莱坞声名鹊起、星光闪耀，正是赖雅向往之地，他从此在好莱坞留了下来。十二年时间里，他与米高梅、雷电华、派拉蒙、哥伦比亚等七大制片公司合作了十多部电影。他是一位优秀的电影编剧，能无师自通、又快又好地创作出精彩的电影故事，包括深情的对白、迷人的情节、鲜活的人物和动人的场景。

在好莱坞的十二年他过的是纸醉金迷的好日子：青春、率性，出手阔绰、待人大方，走到哪里都是中心人物。几乎每个晚上他都要外出狂欢，鸡尾酒会、明星沙龙是他频繁出没之地。实在找不到聚会的地方，就在自己家中举办酒会，好酒好菜招待各方宾朋。他的慷慨大方在好莱坞是出名的，他的热心助人也是出名的。他会放下手头的编剧工作，花大量时间免费为别人修改剧本，会为那些名气远远不如他的编剧修改作品，并且鼎力推荐，让他们走向成功。在这些他帮助过的编剧中，就有后来名满天下的著名戏剧家贝托尔·布莱希特。

贝托尔·布莱希特是德国戏剧家，1927 年赖雅访问德国时与布莱希特相识。后来布莱希特从纳粹德国逃亡来到美国，与赖雅过从甚密。赖雅为布莱希特留在美国提供担保和经济资助，并且想方设法将他的家眷从德国接到美国，与布莱希特共同生活。赖雅与布莱希特合作了两部电影剧本，在布莱希特成名的两部戏剧创作中提供了大量帮助，让他的创作得以顺利完成。这让布莱希特非常感动，在布莱希特回到德国之后，赖雅还成为他在美国的代理人，代他处理剧本版权事务。

回国后的布莱希特不断写信给赖雅，劝他到德国和他一同开创戏剧事业。作为一名坚定的马克思主义者，布莱希特后来创立"柏林剧团"，另一位马克思主义者赖雅无疑是最好的剧团人选，他频频向赖雅发出邀请。看到布莱希特言辞恳切，再加上回到祖国后布莱希特如日中天，在世界范围内声名日隆，赖雅动了心。他退掉房子，变卖家具，并向亲友一一告别，义无反顾地来到了德国柏林——这里也是赖雅祖籍所在地。他是带着梦想而来，当然也想与布莱希特联手干出一番惊天动地的大业。

作为左翼作家，布莱希特的威望正扶摇直上，这一点也让赖雅十分钦佩。但是令人遗憾的是，布莱希特对赖雅的前后态度让人大跌眼镜。这位世界知名的戏剧家为人极度自私，常常善于利用别人。一旦利用完了之后，就将他当垃圾扔在一旁。与布莱希特相处不久，赖雅就感到他的虚情假意。布莱希特整天被手下那帮人包围着，互相吹捧，沾沾自喜，这让性情直爽的赖雅非常不满，两个人在有限的会面时间大多冷漠相对。赖雅在德国待不下去，最后不辞而别回到了美国。赖雅一向对待朋友古道热肠，遭遇到这样阴险的欺骗心情非常沮丧。布莱希特可能也感到自己做得太过分，对不起当年赖雅的一片热情，为了挽回友谊，他写了几封并不诚恳的信给赖雅，赖雅都没有回复。但是，赖雅不会因为布莱希特的人品而轻视他的作品，他依然热情地向大众介绍布莱希特的作品。


二


　　与张爱玲相识时赖雅疾病缠身，一贫如洗。张爱玲对他的爱仿佛来自天生，三个月后，他们就在彼得堡举行了简单的婚礼。幸福没有降临，噩运却接踵而至：先是家中遭窃，接着赖雅中风，随后张爱玲历时数年创作的一部小说《粉泪》被退稿，然后张爱玲的母亲黄逸梵去世。

　　所有的苦难都没有击垮张爱玲，因为这时她身边有了人高马大的男人赖雅，相依为命就是张爱玲与赖雅婚姻的最好注解。他们出入跳蚤市场买旧家具，包括别人不穿的旧衣。张爱玲买过一件浴袍，价值一元七角五分，又花了两元钱买下四件漂亮的绒线衫，像捡到了宝贝，抱着它们很开心地回到赖雅身边。

　　两人兴致勃勃地买来油漆粉刷新家，要把租来的破旧房子全部油漆一遍。张爱玲亲自动手，可能是油漆刺激的缘故，许多蚂蚁不知道从哪里爬出来，密密麻麻布满了地板，有的甚至爬到灶台上。赖雅跺着脚却无计可施，他生怕蚂蚁爬到裤筒里。对付蚂蚁张爱玲很有办法，早就准备了杀虫剂，就放在卫生间，她取出杀虫剂，打开喷嘴喷向那些小东西，蚂蚁纷纷逃窜。赖雅惊奇地看着这一切，给张爱玲取了一个绰号：杀蚁刺客。

赖雅也算是一个能干的男人，家里东西坏掉全是他的责任。他喜欢用锤子敲敲打打，喜欢在那种节奏和声音里感受家庭的乐趣。有一次他对张爱玲说："你不觉得我像个补锅的男人？"天知道他是从哪里知道"补锅"这个词的，这好像是中国独有的一种手艺，也许是从张爱玲的《秧歌》或《赤地之恋》里看来的。但是张爱玲好像也没有写到补锅，她努力搜索记忆，就是找不到一点点蛛丝马迹。

年事已高的赖雅接连中风，为了维持家庭开支，张爱玲远赴台湾和香港，希望打开创作市场，邝文美的先生宋淇帮助张爱玲接下了电影剧本《红楼梦》的写作。就是这个电影剧本《红楼梦》让张爱玲生不如死，剧本迟迟不能交稿，到最后因为两家公司竞争，宋淇的公司决定放弃《红楼梦》的拍摄计划。这时候张爱玲寄人篱下身无分文，想配副眼镜、买件居家布袍也无法办到，就别说买机票回美国了。她就这样困在香港，最后生病不得不开口向邝文美借钱。在一封信中，她这样告诉赖雅，自己辛辛苦苦从上午十点写到凌晨一点，手脚都肿了，工作了几个月，像只狗一样，却没有拿到一分钱的酬劳，她几乎发疯，"疯言疯语"成了她唯一可用的心理道具。

作为补偿，宋淇供职的电影公司让张爱玲写一部现代戏，并且预付了稿费。张爱玲很快交出了剧本《南北喜相逢》，宋淇看了很满意，又签下一部合约《魂归离恨天》，还要再等一个月交稿。这时候她有点等不及，恨不得马上回到赖雅身边。她当即给赖雅写信，让他租房子。

得知张爱玲要回美国，赖雅高兴得像个孩子，后来得知张爱玲回来的确切日期后，提前一天赶到华盛顿机场接她。第二天，赖雅和菲丝一起来到机场，看到张爱玲从飞机上下来，他笑得十分开心，手里还拿着一束鲜花，上前拥抱着她，然后告诉她："其实我昨天就来接过了。"张爱玲很奇怪："我不是告诉了你，3月18日到吗？"赖雅仿佛犯了错误的孩子，说："我怀着侥幸心理，也许你会提前一天。"张爱玲说："这是不可能的。"他哈哈大笑，将张爱玲接到新租下的公寓。这时候已经快半夜了，他烧了点热水给张爱玲泡脚，然后开始记账。自从张爱玲去了台湾之后，他就开始记账，他想弄明白他们一个月至少要花多少钱。他把这些天的账目记好后，将小账本拿给张爱玲看。张爱玲翻了翻，几乎全是意大利馅饼。看来，他的一大半钱全用来买意大利馅饼了。

<h2 style="text-align:center">三</h2>

1964年6月20日，台湾民航公司一架C－46客机在台中县空中爆炸，造成57人死亡。这起台湾航空史上著名的空难让全世界为之震动，也直接导致赖雅与张爱玲的生活陷入绝境。十多天后张爱玲收到香港朋友邝文美的来信，告诉她：宋淇供职

的香港电懋公司老总陆运涛在这起空难中去世，包括他新婚的妻子和公司行政人员在内，公司 15 人全部遇难。当时亚洲第十一届影展在台湾举行，香港两大电影公司电懋和邵氏都应邀参加观光活动，没想到发生意外。邵氏的邵逸夫因为有事没有成行，躲过一劫。这次空难对电懋公司造成致命打击，它从此败落，香港电影市场也由此形成邵氏一家独大的局面。宋淇失业，张爱玲自然也断了最大的收入来源。

张爱玲与赖雅商量，将家从皇家庭院搬到黑人区的肯德基院，这是政府修造的廉价住所。为了挣稿费养家，她主动打电话给从前在香港结识的麦卡锡先生，得到一份编写广播剧的临时性职业。

那天风雪弥漫，张爱玲去见麦卡锡先生。赖雅也跟着张爱玲出来，两人约好了下午在国会图书馆碰头。赖雅在图书馆睡了一觉，一觉睡到下午。一看时间到了，马上赶到图书馆大门外。外面雨雪交加，匆忙中他一跤摔倒。本来就中风不断的他再度发生中风，身体僵硬，口不能言，路人打电话报警。张爱玲当时就在附近的马路上，发现雪地上乱作一团，一辆救护车正闪着灯等在路边，他们将一个身躯庞大的老男人吃力地抬上车。她无意中看了一眼，突然发现那个鲸鱼一样的老男人正是赖雅。赖雅呻吟着，嘴边还流着血水，痛苦不堪。一眼看到她，赖雅突然眼泪汪汪："张，该死，坏家伙又来了。"

坏家伙真的又来了，这次中风后不到一个月时间里，赖雅又多次中风，最后彻底瘫痪在床。医生也无能为力，让他出院回家做漫长的康复治疗。张爱玲为他买了一张低矮的行军床，可以方便上下。行军床就放在大床前面，晚上只要他有一点动静张爱玲都知道，起来给他喂水或递上尿壶帮助他小便。他总是在暗夜里啜泣，张爱玲也会陪着他默默流泪。

1965 年的圣诞节他们就在悲伤中度过，那天赖雅一早就发出轻轻的压抑的呻吟，张爱玲也不在意。后来给他换尿布时，发现他屁股上长满了褥疮。她从来没发现这些褥疮，它们好像是在一夜之间长起来的，发出难闻的气味。张爱玲决定给他翻身。坐在床沿上，面对他那鲸鱼一样庞大的身躯，瘦小的张爱玲几乎无能为力，气喘吁吁弄了半天，他的身子都没有侧转过来。她想了想脱下鞋子站到床上去，想将他拖起来，翻转身子。但是他重如泰山，她根本拖不动他。

这样的生活一过就是两年，这两年里张爱玲给许多文艺营和大学发出求助信，迈阿密大学接受了她的申请。他们招聘一名驻校作家，不要求坐班，但是要求每星期两次到学校报到，半个月和师生进行一次写作上的交流。张爱玲的条件正符合，他们接受了她的申请。

张爱玲想让赖雅的女儿菲丝照顾赖雅，遭到拒绝。无奈之下她只得带着赖雅来到迈阿密大学，一入校才知道学校其实并不支付她薪水。张爱玲当时想求职想疯了，都没有仔细看清说明，以为招聘驻校作家肯定有薪水。没有薪水的职业让她非常失望，但是紧接着她得到通知：每月会有一笔较为可观的车马费，也就相当于薪水。另外学校还给她无偿提供一套令人满意的住房，中午可以享受一顿免费午餐，没有教学任务。

既来之，则安之，张爱玲就这样安顿下来，在迈阿密大学待了半年。洛克菲勒基金会接受了她的申请，资助她翻译中国晚清长篇小说《海上花列传》，并提供食宿和生活补贴。通知一到，她马上带着赖雅离开迈阿密搬到了康桥。赖雅仍然像一只搁浅在沙滩上的鲸鱼，庞大的身躯令人望而生畏。现在他不怎么吃，有时候迷迷糊糊地睡着，嘴唇半张微合，如同死去一样。有时候一连许多天完全停止吃喝，偶尔又清醒一下，轻轻啜泣，认为是他拖累了张爱玲，让她跟着受罪。

入住康桥后不久，赖雅完全不再进食，只喝一点水，瘦得只剩下一把骨头，张爱玲轻易就能将他的身子翻过来。这时候他偏偏不能翻身，身上多处褥疮已经溃烂，稍微一动他就疼痛难忍。眼看着赖雅的生命进入倒计时，张爱玲叫来他的表弟哈勃许塔脱，在他的帮助下将赖雅送往医院。一个星期后赖雅告别人世，守候在太平间的，只有张爱玲一个人，她最后抱着一个纸箱子离开医院，那里面装着一些杂物和一件赖雅经常穿的灯芯绒衬衫，领口已经磨破，上面沾满他的烟味，她把脸埋进衣服里。

多年以后，一个专门研究布莱希特的学者辗转找到张爱玲，谈到赖雅与布莱希特的关系。张爱玲对拖累她多年的男人赖雅，丝毫不见怨怼之情。相反，她公开承认赖雅是个迷人的人，甚至是太过迷人。她也提到赖雅的缺点，缺乏一种固执，一种撑过冗长、严肃计划的忍耐力。她的意思是如果赖雅能坐得住，

他的成就应该会更大一些。张爱玲其实一直到死都在怀念赖雅，
她晚年一直使用这样的名字：爱玲·赖雅。

# 夏志清： 被冷落的知己

张爱玲自早年走红上海滩之后，在海外华文圈却长期无名——或者说她在人们印象中仅仅只是一位周瘦鹃或张恨水之类的通俗作家。张爱玲自己也是这么认为，同时她也确实痴迷周瘦鹃、张恨水之类的"小报作家"。她对自己的评价一向不高，认为自己就是个"三流作家"。但是，夏志清的一部英文著作《中国现代小说史》，将张爱玲推到无与伦比的高度，张爱玲仿佛被人重新发现似的，一跃成为中国现代文学最耀眼的星座，如日中天，并且长盛不衰。

出版于1961年的《中国现代小说史》，不但成就了作为一流作家的张爱玲，也成就了作为一流学者的夏志清。在这部厚达700页的英文著作中，夏志清重点推荐了四位作家：张爱玲、钱锺书、沈从文和张天翼，并且将张爱玲排在鲁迅之前，而且论述张爱玲的篇幅多达 42 页，超过鲁迅一倍多。

在书中，夏志清这样评价张爱玲："美国报界每季都要挑出十几本新出的小说，乱捧一阵。除了报界的好评以外，美国文坛对这本书似乎不加注意。《秧歌》真正的价值，迄今无人讨论；作者的生平和她的文学生涯，美国也无人研究。但是对于一个研究现代中国文学的人说来，张爱玲该是今日中国最优秀、最重要的作家。仅以短篇小说而论，她的成就堪与英美现代女文豪如曼殊菲儿（Katherine Mansfield）、波特（Katherine Anne Porter）、韦尔蒂（Eudora Welty）、麦卡勒斯（Carson McCullers）之流相比，有些地方，她恐怕还要高明一筹。""张爱玲早年的生活并不快乐，亏得她毅力坚强，没有向环境屈服；后世读者能够读到她的作品，应该觉得幸运。一般青年女作家的作品，大多带些顾影自怜神经质的倾向；但在张爱玲的作品里，却很少这种倾向。这原因是她能享受人生，对于人生小小的乐趣都不肯放过；再则，她对于七情六欲，一开头就有早熟的兴趣，即使她在最痛苦的时候，她都在注意研究它们的动态。她能和简·奥斯汀一样地涉笔成趣，一样地笔中带刺；但是刮破她滑稽的表面，我们可以看出她的'大悲'——对于人生热情的荒谬与无聊的一种非个人的深刻悲哀。张爱玲一方面有乔叟式享受人生乐趣的襟怀，可是在观察人生处境这方面，她的态度又是老练的、带有悲剧感的——这两种性质的混合，使得这位写《传奇》的年青作家，成为中国当年文坛上独一无二的人物。"

《中国现代小说史》出版后，夏志清寄了一本给张爱玲，两

青年时的夏志清（后立者右）与家人在一起

人长达三十年的通信从此开始。三十年，一百多封信，收在
2013 年出版的《张爱玲给我的信件》（简体版 2014 年 7 月出
版）中。宋以朗认为，《张爱玲给我的信件》出版，是年度"张
爱玲学"盛事。张爱玲在给夏志清的信件中，谈生活、谈文学、
谈上海，也抱怨身边蝇营狗苟的琐事。

　　三十年间，张爱玲事无巨细统统告诉夏志清，夏志清也是
如此对待张爱玲。他不但将自己的隐私告诉张爱玲，甚至带着
自己一任女朋友於梨华来看望张爱玲。他在学术专著中隆重介
绍张爱玲，大胆预言她是"今日中国最优秀、最重要的作家"，
《金锁记》是"中国从古以来最伟大的中篇小说"，《秧歌》在
中国小说史上是"不朽之作"。张爱玲在美国各大学的工作，几
乎全是他促成的，他还帮她在出版社之间牵线搭桥。按通俗说
法，他不但是张爱玲的知己，应该也是她的恩人。

　　张爱玲其实很懂人情世故，有时候甚至很会圆滑机巧。但
是她对于一生最大的恩人夏志清，始终冷淡相待——夏志清写
给她的一些信件，明明知道非常重要，却一拖几年才拆阅。夏
志清想请她吃顿饭，当着他当时女友於梨华的面张爱玲也不给
他面子，发展到最后，她连电话号码也不给夏志清。

　　张爱玲与夏志清的友谊类似于她和宋淇的友谊。宋淇一生
为张爱玲做过好事无数，作为回报，她将所有遗产赠送给宋淇。
而对于夏志清，她没有任何回报，甚至也没有愧疚心理。在她
的眼里，所有帮助过她的朋友她都要感谢，唯独夏志清是个例
外。她在给夏志清的信中说过大意这样的话：对别人我当感激

老年时的夏志清

万分，对你就不必客气了。夏志清从来不会生气，但是宋淇不免抱怨，说张爱玲"有事有人，无事无人"。这是中国人埋怨的老话，大意就是说：有事你就找上门，没事从来不见你露面。可是张爱玲如此冷落恩人夏志清，夏志清却是一句闲话也没有。

《南方都市报》曾对夏志清、王洞夫妇做了一个访谈，里面说起张爱玲和夏志清的关系，太太王洞的话道出了夏志清作为著名学者最真实的一面：以才取人。他一直到晚年对张爱玲的看法仍然没有改变，就是认为她是天才，是一流作家，她的几部作品是不朽之作。对于张爱玲这样的作家，他只以才华来作唯一的标准。他体谅她对人世的一切失礼行为，这是朋友之间真正的相知。

没办法，天才常常就是这样无礼，因为温厚这东西需要很多的敷衍功夫，需要八面玲珑地去与人周旋、交往。若是把精力用在这上面，不但耗费时间，更是磨损心性。拿张爱玲来说，若是她花很多工夫去经营朋友圈、交际圈，钻山打洞，苦心钻营，她就无法再保持她天才的敏感与独立——她的失礼甚至无礼，其实是对她的天才的保护。

夏志清知道张爱玲是个天才，张爱玲自己也知道自己是天才，他们在共同呵护张爱玲的天才这方面目标一致。而张爱玲对于夏志清的冷淡，亦是真正的尊重。送来迎往、阿谀奉承固然令人愉快，其实也说明，在对方心目中，你不过就是个俗人而已，是一个可以用市井之人惯常用的手段或手腕拿捏的人。对方看不起自己的时候，也会连带着看不起你。真正的朋友之间的相知，倒不如这种真心实意的疏离。

另外也必须指出，上海老乡的身份多少让夏志清对张爱玲另眼相待。其实早在 1944 年，夏志清在上海就见过张爱玲，是夏天，一个沪江同学的聚会上，聚会地址是同届英文系毕业生章珍英女士家。与会者除张爱玲外，尚有孙贵定教授、张心沧、丁念庄、刘金川小姐（她是夏志清第一位意中人）。整个聚会有二三十人。据夏志清回忆，张爱玲那时脸色红润，戴了副厚玻璃的眼镜，形象同在照片上看到的不一样，她穿的是一袭旗袍或者西服，站着说话，笑起来好像给人一种缺乏自信的感觉。

夏志清当时为刘小姐所迷，加上尚未读过张爱玲的小说，对张爱玲谈不上很深刻的印象。虽然他也曾凑上前与作为主讲人的张爱玲聊了几句，但是他们没有谈到文艺。当时张爱玲是一红惊天的作家，而夏志清是个无名的书生，张爱玲根本不可能记住他，她当时也完全不知道他的姓名。

人生就是如此奇妙，二十多年后夏志清与张爱玲在美国相逢，成为相知故交。两位同样来自上海的文化人赤诚相待，有恩无怨——因为夏志清的纯真，也因为张爱玲的天真。

# 陈世骧：爱热闹的老教授

同为海外华裔圈著名的教授，夏志清与陈世骧是完全不同的两个人，这也导致了他们对张爱玲在态度上的迥异。

话题得从张爱玲赴美说起。到美国后，因其作品一直没能打开局面，加上负担了赖雅的生活及医疗费，张爱玲的生活一直拮据。赖雅去世后，她便想找一份不太忙的工作，赚一点钱。夏志清向当时主持加州大学伯克利分校中国研究中心的陈世骧推荐张爱玲，陈世骧欣然同意，张爱玲便成为伯克利中国研究中心的研究员。

对于张爱玲来说，这份工作其实一点也不难。对于陈世骧的热情相助，张爱玲也满怀感激，早在两年前她就曾经托在加州大学伯克利分校中国研究中心做研究员的庄信正给陈世骧送礼，是一部函装的《梦影缘》，她委托庄信正转送给他的顶头上司陈世骧，后来还送了一部线装的《歙浦潮》。在张爱玲看来，这些珍贵的古籍对从事中国文化研究的陈世骧来说，应该是不可多得的珍宝。当时她也没有进入伯克利的念头，不过有时候申请基金什么的，她会请陈世骧做自己的推荐人。她与陈世骧相识多年，谈不上有多少交情，但彼此印象不错。到了1969年，庄信正离职要去私立南加州大学任教时，夏志清推荐张爱玲接替，陈世骧没有二话就做了这个顺水人情。

一开始，张爱玲与陈世骧相处得还不错。陈世骧好客，经常在家里举行聚会。尽管张爱玲不喜欢交往，有时也不得不去参加。可是她即便参加了，也给人一种不合群的感觉，脸上带着拒人于千里的冷淡。有一次，陈世骧又在家里举行聚会，他指着几个朋友说："朋友们在一起就像个大家庭一样，相亲相爱。"张爱玲一听，马上说："我从小在大家庭长大，最怕大家庭，大家庭问题太多，很恐怖。"大家一听，十分扫兴。还有一次，陈世骧在家中专门宴请张爱玲，特地叫了几个晚辈学生陪同。那天张爱玲和陈世骧同坐在沙发上，陈世骧滔滔不绝，张爱玲却很少说话。并且她只和陈世骧说话，偶尔应一声陈夫人的招呼，对其他人一概不理。

去过陈世骧家里两次后，张爱玲就再不去应酬，任凭陈氏夫妇怎么邀请，她都婉言拒绝，这让喜欢热闹的陈世骧很不开心。张爱玲进入伯克利之前，就三番五次托朋友给陈世骧送礼品，在陈世骧看来，张爱玲是个颇通人情世故的女人。所以夏志清一说，他马上同意聘用张爱玲。可是张爱玲一旦职位到手，便对他冷淡起来。到了最后，马屁也不拍了，连最起码的敷衍也停止，这让陈世骧非常失望。

陈世骧和夏志清不同，任凭张爱玲对夏志清如何冷落，夏志清对张爱玲的热情始终不变，因为在他眼里，张爱玲从来就不是个常人，她是人世难得一现的天才。他只是爱才惜才，从来不在乎张爱玲身上作为凡人的庸俗。而陈世骧不同，陈世骧是个爱热闹的人，张爱玲是他同意聘用的，现在就在他手下工作。作为一个下级竟然对上司如此冷淡，上司反过来要热脸贴下属的冷屁股，她竟然还不买账，陈世骧无论如何不能接受，与张爱玲的关系开始变淡。

夏志清说，陈世骧是个热心人，热心人却也最容易心冷，他晚年似较寂寞，喜欢朋友、学生到他的"六松山庄"去坐坐，听他的高论。张爱玲的拒绝让他伤透了心，而张爱玲工作上也开始出现问题，这一点张爱玲写信告诉过夏志清。

想搞明白张爱玲的抱怨，必须先弄明白她的工作。她的工作说起来很简单，就是研究中国的"文革"情况，搜集新名词，形成报告。这对于张爱玲来说是一件再简单不过的事。但两年之后，她竟然因为不称职被陈世骧解雇。张爱玲的解释是那几年没有什么新名词，而她是专门搜集研究新名词的，不像前任庄信正那样可以写专论。到年底她的报告上交后，陈世骧很不满意，说看不懂，让她改。改后再交上去，陈世骧仍然看不懂，拿给本校另一位女经济学家看，仍然看不懂。张爱玲就向夏志清抱怨："一句话说八遍还不懂，我简直不能相信。"陈世骧得知后更生气，当着张爱玲的面说："那是说我不懂啰？"张爱玲说："我是说不能想象您不懂。"陈世骧这才笑着说："你不知道，一句话说八遍，反而把人绕糊涂了。"张爱玲就说："要是找人看，我觉得还是找 Johnson，因为 Ctr. 就这一个专家。"就是这句话把陈世骧彻底激怒了，他又好气又好笑地说："我就是专家!"

上司与下级之间发生这样的对话让陈世骧十分窝火，他草草结束了这次谈话。

张爱玲就这样遭到伯克利大学解雇，好不容易得到的一份工作再次失去。夏志清事后认为，就是张爱玲不知道与人周旋，其实有没有新名词对陈世骧来说完全无所谓。让张爱玲这样的大作家去搜集什么"文革"新名词，完全是大材小用。只是张爱玲的前任庄信正曾经附了十二页的词语解释，非常的新颖有趣，陈世骧因此在最初强调了一下新名词，但也就是随意这么说一下，张爱玲不必当成圣旨。就算她当了真，后来发现弄不出来，也可以去找陈世骧沟通，看看有没有别的思路，但张爱玲竟然没有。陈世骧是个爱热闹的人，只要你经常去他家，把他敷衍得很开心，什么事也没有。可是张爱玲偏偏最不会和颜悦色去讨人欢喜，吃了很大的亏。多年之后，夏志清也解释了陈世骧为何不能理解张爱玲，作为一个主管人，他只看到她行为之怪癖，而未能欣赏她的文学天才和成就，去包涵她的失礼和失职。

人和人是不同的，就如陈世骧是陈世骧、夏志清是夏志清一样。张爱玲生性如此，确实也没有办法。在伯克利大学，张爱玲拒不见人的个性达到极致。当时伯克利安排给她的助手陈少聪回忆，晚年的张爱玲性格孤僻，有社交恐惧症，刻意回避与别人交流："她经常目不斜视，有时面朝着墙壁，有时朝地板。只闻窸窸窣窣、趺趺冲冲一阵脚步声，廊里留下似有似无的淡淡粉香。"

陈少聪与她同在一个办公室办公，陈少聪在外间，张爱玲在里间，中间只隔着一层薄板，陈少聪却极不容易看到张爱玲，但是她们总要交往。陈少聪回忆："我尽量识相地按捺住自己，不去骚扰她的清静，但是，身为她的助理，工作上我总不能不对她有所交代。有好几次我轻轻叩门进去，张先生便立刻腼腆不安地从她的坐椅上站了起来眯眼看着我，却又不像看着我，于是我也不自在了起来。她不说话；我只好自说自话。她静静地听我嗫嗫嚅嚅语焉不详地说了一会儿，然后神思恍惚答非所问地敷衍了我几句，我恍恍惚惚懵懵懂懂地点点头，最后狼狼狈狈地落荒而逃。"

在陈少聪看来，张爱玲如同默片里的人物，很少发出声响。即使在办公室，她在与不在几乎没有区别。陈少聪说每过几个星期，会将一沓她做的资料卡用橡皮筋扎好，趁张爱玲不在的时候放在她的桌上，上面加小字条。"除非她主动叫我做什么，我绝不进去打扰她。结果，她一直坚持着她那贯彻始终的沉寂。在我们'共事'将近一年的日子里，张先生从来没对我有过任何吩咐或要求。我交给她的资料她后来用了没用我也不知道……""洞悉了她的孤癖之后，为了体恤她的心意，我又采取了一个新的对策：每天接近她到达之时刻，我便索性避开一下，

暂时溜到图书室去找别人闲聊,直到确定她已经平安稳妥地进
入了她的孤独王国之后,才回归原位。这样做完全是为了让她
能够省掉应酬我的力气。"唯一的一次工作外的交往是张爱玲生
病,陈少聪得知后去探望,知道她不会开门,便按了门铃,把
配好的草药放在门外地上。几日后,陈少聪上班,发现自己书
桌上有一个字条,是张爱玲的笔迹,压在一小瓶香奈儿 5 号香
水下面,字条写着:"谢谢。"

　　为了杜绝与别人接触,张爱玲后来竟然白天不来上班。当
别人快下班的时候,她才到单位来,一直工作到深夜。如此一
来,在众人的眼里她就成了个异类,渐渐地就招惹来一些是是
非非。话传到陈世骧的耳朵里,他就更加讨厌张爱玲,辞退张
爱玲就成为他唯一的选择。没想到时隔不久的 1971 年 5 月,陈
世骧突发心脏病离世。张爱玲那些天正在感冒,但还是去参加
了他的追悼会。现场的人很多,她只待了几分钟就匆匆离去。
陈世骧对她有恩,她其实心里一直是感激的。因着陈世骧的突
然去世,他们之间的争执再也没有机会解释,她因而纠结,才
对夏志清说,现在世骧新故,我不应当再说这些,不说,另找
得体的话,又讲不清楚。

　　阴阳永隔之后,谁对谁错都已经不再重要。如果偏要分析
个中的谁是谁非,只能说他们都没有错,只是脾性不合,所以
注定无法走得更远。这一点其实张爱玲很小就看得很清楚,她
早就说过"生命是一袭华美的袍,爬满了蚤子"。无法除尽的
"蚤子",就是她对人生绝望的缘由。

# 庄信正：长达三十年的文友

庄信正与张爱玲相识缘于夏志清，夏志清的弟弟夏济安是庄信正的老师，庄信正离开美国加州伯克利大学另谋高就，空下的职位在夏志清力荐下由张爱玲接替。这份工作对张爱玲来说相当重要，当时赖雅刚离世不久。久病在床的赖雅掏空了她的积蓄，她迫切需要一份收入来支付日常开销。可是这份工作她并没有做多久就被解聘，和庄信正的通信却一直延续下来，长达三十年。

第一封信写于1966年6月26日：

信正先生，

回家后忽然想起来，Racliffe申请grant找保人有"从几时认识的"一项，似不必问Mr. frenz。我找夏志清因为认识年数久了，而且可以举出他的文学史作参考。过天我再写信给 Mr. Lau，或者可以算 1960 年在台湾见过。你说不像他会写信，千万不要抽出时间来特为回信，等以后见到陈先生向他探探口气后再告诉我。跟你们谈过后实在给了我非常大的鼓励，这里匆匆不说了，祝

好

张爱玲

廿六日午

交往的最初，张爱玲与庄信正无非是一些生活上的交流，比如张爱玲熬夜写作，又怕停电，庄信正便会买一些蜡烛让她储存起来。张爱玲是一个对环境和人事都十分挑剔的人，她从不妥协，并且有洁癖，害怕一切虫子，这和她的皮肤过敏有关系。她频繁写信给庄信正，多半是倾诉生活中的几样烦恼：牙痛、跳蚤、皮肤病……

信正，

《桃花扇》非常具体切实有力，而且 comprehensive。搁在他们那儿这些时，这时候刊出倒刚好给《惘然记》作广告。三起书都收到了，陆续都在看。……本来想送荣华一张每样有好几张的老照片，一时找不到了，只有这一张有两张。牙齿好容易又看完了，倒是一直不疼，至多隐隐作痛，不过麻烦头痛。散文集明年春天出，还有两篇要写。

英译《海上花列传》也还需要整理。匆匆祝
好，二笠想必还在夏令营。

爱玲<br>七月廿四

信正，

　　……牙医生现在正式退休，寄通知单来介绍另一医生，
接收了原址。公寓派人来喷射蟑螂，需要出清橱柜，太费
事，很少人签名要他来。今年来通知单说每月一次，再不
让来要逼迁，只好把东西搬出来堆了一地，总不能一次次
搬上搬下，结果是半年来一次，不是每月。东西摊了一地，
半年没打扫，邻居猫狗的 fleas 传入，要 vacuum 后再喷毒
雾。但是墙上粉刷的片片剥落，地毯上的粒屑拣不胜拣，
吸入吸尘器，马达就坏了。我叫了个杀虫人来喷射，只保
卅天，不 vacuum 无法根除。只好搬家，麻烦头痛到极点。
久住窗帘破成破布条子，不给换我也不介意，跳蚤可马虎
不得。等有了地址再寄来。祝近好，荣华二笠都好。

爱玲<br>十月廿六

　　晚年多病是张爱玲最大的烦恼，1973 年 8 月 16 日，张爱玲
第一次在信中告诉庄信正自己的疾病，因为长期失眠，她不得
不大量服用安眠药，从而产生些副作用，比如耳鸣之类。牙齿

退休后的庄信正

和皮肤病是她日常生活的两个敌人，比起失眠症来得更加猛烈。
从 1983 年 10 月 26 日信中得知，她的牙医退休了，而住了十年
的公寓发现了虫子和跳蚤，她选择搬家。人生最后十年的颠沛
流离从此开始。

　　搬家最频繁的时候，张爱玲曾经一天换一个汽车旅馆。这
样搬来搬去，她的东西扔得差不多。因为搬得太勤，只好把自
己的东西寄存在某处，直到确定不搬了再取回。在 1984 年 1 月
22 日致庄信正的信里，她写到了这样的状态："……从圣诞节
起，差不多一天换个汽车旅馆，一路扔衣服鞋袜箱子，搜购最

便宜的补上，累倒了感冒一星期，迄未全愈。还幸而新近宋淇替我高价卖掉《倾城之恋》电影版权，许鞍华导演。……再去找房子，一星期内会猖獗得需要时刻大量喷射，生活睡眠在毒雾中，也与健康有害。……"

　　她此时对虫子的敏感已经达到忍无可忍的地步。什么地步呢？发现自己的箱子底有虫子，会直接将箱子丢掉。庄信正收到信后，发现没有回信的地址，又看到张爱玲累倒了，很是关心，找了自己的朋友、建筑承包商林式同帮她租房子。此时的张爱玲身体多处发病，在1984年4月20日的回信里，她写道："我这大概是因为 drg skin，都怪我一直搽冷霜之类，认为'皮肤也需要呼吸'，透气。在看皮肤科医生，叫搽一种润肤膏汁，倒是避 fleas，两星期后又失效——它们适应了。脚肿得厉害，内科医生查出是 veins 毛病，治好了又大块脱皮，久不收口，要消炎等等。又还在看牙齿，除了蛀牙，有只牙被新装的 partial denture 挤得搬位，空出个缺口，像缺只牙。牙医生说是从来没有的怪事。我忍不住说了声'我是有时候有这些怪事'。"

　　1985年10月，刚从外地出差回来的庄信正收到台湾《中国时报》，在《人间》版看到水晶的一篇标题为《张爱玲病了！》的文章，大吃一惊，又看内容，才知道是关于张爱玲搬家杀虫子的事情，马上给张爱玲写信，让她给宋淇写信说明，并公开发表，省得一些研究者猜测。

　　庄信正晚年接受《文化广场》记者采访时说，在台湾便听说张爱玲性情古怪，所以起先对她确是诚惶诚恐。但随即发觉她很和气，常常微笑着，说起话来慢条斯理，轻柔温和。而且礼貌周到，处处为别人着想。她从未失却赤子之心，这印象至今始终没有改变。

庄信正的这番话应该是有感而发，1970 年，张爱玲曾给他写过这样一封信：

> 信正，
>
> 　　两封信都收到，很高兴你下月准定回台湾。……我也始终还没空找出《半生缘》，已经写了封短信告诉你妹妹的同事以后再寄去。等有了好消息，请来张便条。暑假时间不多，加上你父母与你久别，可以想像多么忙，回来再写也是一样。祝
> 最好的运气
>
> 　　　　　　　　　　　　　　　　　爱玲
> 　　　　　　　　　　　　　　　　六月一日
> 又，见到志清与他太太请代问候

信中提到的"妹妹的同事"叫杨荣华。当时庄信正的妹妹在台北市南港中学教书，杨荣华是她的同事。庄信正回台北认识了杨荣华，两个人一交流，没想到杨荣华也是张爱玲的粉丝，这让庄信正有说不出的自豪，因为自己是张爱玲的朋友。杨荣华得知庄信正与张爱玲交往频繁，就提出一个要求：希望得到一本张爱玲的签名书。张爱玲对庄信正印象很好，自然对杨荣

华也热情相待。她一时没有找到自己的小说，就专门写了封信给杨荣华，说稍后会赠书给她。杨荣华一看，心中的偶像竟然专门给她复信，十分激动，当即写信向张爱玲致谢，并且在信中问她对新诗的看法，因为她有好几位同学在写诗。张爱玲又给她回复了一封信，说自己仍然喜欢旧体诗。后来庄信正从台湾回到美国，特地去书店购买了张爱玲的《流言》和《半生缘》寄给张爱玲，让她替杨荣华签名。

　　也许是对张爱玲共同的喜爱，杨荣华没有拒绝庄信正的求爱，两人第二年便正式结婚。张爱玲无意中做了一次红娘，而庄信正夫妇的定情物，正是她签名的两本小说——也难怪庄信正把张爱玲的事当成自己的事——对自己婚姻的牵线人，谁不高看一眼？

　　听说庄信正与张爱玲之间有联系，很多朋友想通过庄信正见一见张爱玲，结果全被庄信正挡驾。1974 年夏天，庄信正失业在家，十分狼狈，一度考虑是不是要专门在家写作。后来得到一个临时性的职位，他写信向张爱玲道别。张爱玲却打电话要他带着夫人到她公寓见一面。庄信正带着杨荣华来到张爱玲门前，敲了很长时间门却一点动静也没有。庄信正十分奇怪，一直等到八点四十分再去敲门，门却应声而开，张爱玲突然出现。原来她把时间弄错了，以为约定的是第二天。

　　那天晚上他们从八点多谈到第二天凌晨三点。这是庄信正与张爱玲第二次长谈，也是他们最后一次见面。事隔多年，庄信正已经不记得那次会谈的具体情节，只记得张爱玲抱出她珍藏的影集，将家中老照片铺了一桌子给他们看。后来张爱玲出的《对照记》就是选自这些老照片，大约只选了十分之一而已。

杨荣华看到那些混在一起的老照片，心犹不安。第二天特地去商场买了一些食品和一个很大的影集，交给张爱玲公寓的经理，让他转交给张爱玲。

庄信正与张爱玲通信三十年，真正见面就四五次。这次和杨荣华一同访问张爱玲算一次，还有一次是他请张爱玲看表演，以为她不会来，谁知她却来了。那时候张爱玲接替了他在加州伯克利分校研究员之职，他一时没有离开，而且住得离张爱玲很近，就多次写信给张爱玲，告诉她如果要见面就和他说一下，张爱玲不置可否，但是他们还是先后在陈世骧家里见过两次。

还有一次张爱玲邀请庄信正到她的寓所，这一次谈了有六七个小时。庄信正记得最清楚的是，快要离开时，张爱玲拿出一枚铜币，已经磨得很薄很薄，而且已经不是圆形。张爱玲对庄信正说："专门找专家鉴定过，是王莽时期的钱币：布。"她当即要送给庄信正，庄信正感到非常震撼，表情十分紧张，不停地说："这是你们的传家之宝，应当是自己收着才好。"张爱玲也没有勉强非让他收下不可，和蔼地笑着看着庄信正。

后来庄信正看张爱玲的《对照记》，看到她写到多次搬家，东西丢光了，说"三搬当一烧"。这时候他就非常后悔，当初怎么不收下张爱玲那枚钱币？这是多么好的纪念！现在那枚珍贵的钱币早就不知丢哪儿了。

时间不紧不慢地走到1994年，这一年的10月5日，张爱玲给庄信正写下了最后一封信：

信正，

　　……你退休了我倒替你庆幸，毕竟政海波澜莫测，宁可经济上受弊一个时期。子女好反而负担更重，大学学费涨。幸而他们大了荣华的担子轻松些也更可以帮你。你们一家使我想起 John P. Marquand 书中的一句："In the end everybody gets what he deserves." 久已不信"善有善报"的近代人有点诧异的发现，所以给人新鲜的感觉。《对照记》单行本又多出一批错字，以后再寄好点的版本给你跟志清。未收入的老照片都留着。

爱玲

十月五日

这封信寄出后，张爱玲再也没有给庄信正写信，她可能连写信的力气也没有了。十一个月后的 1995 年 9 月 8 日，她的遗体被公寓管理人员发现。

# 林式同：做建筑的包工头

对于来自台湾，在美国搞建筑的包工头林式同来说，他从不写作，除了武侠小说外几乎不读文学作品。他完全是在偶然之中介入张爱玲的晚年生活，并成为她的遗嘱执行人，这是命运的安排，也是老天对张爱玲命运的垂怜。这一切得从他的好友庄信正说起……

虽然同样来自台湾，同样留学美国，林式同与庄信正的人生经历完全不同，他们相识的经历着实令人啼笑皆非。1960年9月，初次抵达美国西雅图的林式同为了省钱，与一个山东口音很重的人挤在一张床上睡了一晚。林式同说这个人不晓得从哪里突然冒了出来，手里紧紧地握着一个蓝布包，板着脸没有一丝笑容。因为长时飞行，没有机会洗澡，身上淡淡地飘出一股味来。这个人匆匆告诉林式同一个名字，林式同心不在焉，也没听清楚。又累又饿又没钱的林式同洗澡时鞋子又被人偷了，他懊恼了一个晚上，第二天天没亮就匆匆离开旅馆。直到十年后两人才再次见面，林式同回忆，在洛杉矶的一个朋友婚礼上，他见到了一位似曾相识的人，他们互相端详了好一阵，想不起在哪儿见过。想着想着，突然恍然大悟，原来这个人就是那位在林式同初到美国头天晚上有同床之雅的山东朋友。他的名字叫庄信正，这回林式同可再也不会忘掉了！

庄信正也是个重感情的人，两个人就开始交往。又过了十三年，张爱玲开始出现。林式同记得很清楚，1983 年的一天，当时居住在纽约的庄信正来电说，他有个朋友需要搬家，要林式同帮个忙。庄信正说这位朋友的名字叫张爱玲，是个作家，可是林式同却从来没听说过，更不知道她是干什么的。之后庄信正又寄来了一些有关张爱玲的剪报和杂志，林式同才对她有了一个初步的印象。

林式同出生在一个严谨的家庭，凡涉及男女关系的书，如《红楼梦》之类，都被父亲列为禁书。成年后他只读武侠小说，久而久之就形成了锄强扶弱、重承诺讲义气的价值观。对他来说，一诺千金是做人的底线，这一点与庄信正完全一致。所以只要张爱玲遇到困难，庄信正马上通知林式同，让他迅速出现在张爱玲身边。

几天后，庄信正给他寄来了一个大信封，让他迅速转交张爱玲，顺便彼此认识一下。林式同与张爱玲约好在晚上八点把信送达，那时他距张爱玲租住地车程约有 40 分钟。那天一出门就被交警发现少了一只车前灯，吃了罚单，紧赶慢赶赶到张爱玲家。

敲了门后，里面窸窸窣窣的好一阵，一位女士用缓慢轻柔带点抱歉意味的声音说："我衣服还没换好，请你把信摆在门口就回去吧，谢谢！"林式同心中觉得蛮不是味，开了好一阵的车，又吃了一张罚单，连面都没有见到。唔，那庄信正也真是的……张爱玲这人确是有点特别。

直到 1984 年，林式同才第一次见到张爱玲，当时张爱玲居住在一家汽车旅馆里。林式同记得，十点整从旅社的走廊上快步走来了一位瘦瘦高高、潇潇洒洒的女士，头上包着一幅灰色头巾，身上罩着一件近乎灰色的宽大的灯笼衣，就这样无声无息地飘了过来。打了招呼之后，张爱玲马上在那张能避过旅社经理视线的椅子上坐了下来。当张爱玲开始端详林式同的时候，"唔，你真是一位隐士！"林式同先说了这么一句。张爱玲笑着没有回答，接着谈了一些问候生活起居的话。整个见面过程没有超过五分钟，张爱玲的气定神闲、头脑清晰以及反应敏锐给林式同留下深刻的印象。同时林式同也觉得她在观察自己。张爱玲送林式同走出办公室，在门口向林式同挥手致别。林式同走了几步再回头看时，她还是含着笑站在那儿，透着飘然出世的气氛。这时林式同才发觉她脚上套了一双浴室用的拖鞋。

自此之后，张爱玲一直马不停蹄地在搬家，她住的多半是分布在洛杉矶市内的各个汽车旅馆。在美国，自从一般大众达到以车代步的生活条件后，汽车旅馆就应运而生。它收费比正式旅社低，地点也较分散，因为造价便宜，市场需求大，数量就很多，除基本设备外，唯一供人方便的就是那宽广的停车场。张爱玲不开车，她住在汽车旅馆，应是基于两方面的考虑：一是费用少，二是可以多搬地方——她平均一星期就换一个旅馆。

在很长一段时间内，林式同和她没有太多的联络。她曾从不同的旅馆，寄给林式同几封信，也送了两本作品给他看，一本是他看不懂的《红楼梦魇》，另一本是《怨女》，林式同也没有看完。他们也曾互相通过几次电话，多半是林式同告诉她自己的行踪，如有需要，请她不要客气，尽管来找。譬如在1987年，林式同去了一趟欧洲，也顺便告诉她。后来有一次去上海，林式同特地打电话告诉她，她听了以后说："恍若隔世。"虽然接触极少，但是相处时间一长，林式同也开始理解了张爱玲，张爱玲是一个从容不迫，凡事顺其自然的人，她的行动多出于直觉，不怎么计划。她这种孤独的形象，超脱的性格，拿得起放得下的气魄，一直在吸引着林式同。

从1984年8月到1988年3月，三年多的时间，张爱玲一直迁徙流离在各大大小小的汽车旅馆之间。可能因为是搬家太频繁了，生活不安，饮食无节，林式同从信中可以看出她的身体已大不如前，不能再继续那独来独往的流浪生涯，而想找一个地方安顿下来。这时她已经是六十八岁的老人，在心理上也希望能找人谈谈，并帮她一点忙。更何况在那段流浪的日子里，她把随身带的东西都丢光了，连各种重要证件也都没有保住！这情况后来带给她很大的不便，也促成林式同一个帮助她的机会。当时林式同正巧造了一幢有 81 个单位的公寓，年底完工就要出租。

林式同将房子地址写信告诉张爱玲，张爱玲自己抽空去看，很满意，马上就搬了进去。林式同再三问她搬家要不要人帮忙，张爱玲总是说不必，找计程车就可以。

这期间公寓经理石先生曾打电话给林式同，说张爱玲的手臂给摔坏了，用布包起来像个球。林式同大吃一惊，马上打电话去问怎么回事。张爱玲在电话里仍和往常一样用缓慢平和而沉着的口吻回答说，坐公车不小心摔了一跤，没有什么，多躺躺，再用水冲冲就好了，不必担心。

林式同有时也去找石先生办事，但是他从不打扰张爱玲，过了不久，张爱玲又托林式同帮她租房，林式同没有想到，这是张爱玲最后一次麻烦他，这一次租房她提出了一点要求。

张爱玲极其不喜家务，为了省事，住房越小越好。她不怎么烧饭，有没有炉灶也无所谓。她还有一个习惯，要在四周有声音的环境里住，什么汽车声、飞机声、机器声都可以。不仅如此，她说她在房间里，没事还把电视打开，而且声量调得很高，把电话铃声都盖住了。

张爱玲搬家的主要原因是这栋公寓住进了许多移民，素质较差，三年新的房子已经被弄得很脏。有人养了猫，引来许多蟑螂虫蚁，于是她决定搬家。当时林式同住在加州大学附近，居民知识程度高些，环境好多了，于是建议在附近找房子，张爱玲同意了。很快就找到一家伊朗房东，签约是林式同陪着去的，这是十多年来他与张爱玲第二次见面。

这时候张爱玲已经把林式同当成她在美国最可靠的朋友，他们每次通电话，常常顺便聊聊天。她思路清晰，反应敏捷，举一反三，有如行云流水，非常顺畅自然。林式同娶了日本太太，她调笑说那一定罗曼蒂克得要命。她还告诉林式同，她没事总躺着，要吃鸡蛋饼。同时她申请美国的居留证、福利卡等，地址填的都是林式同家地址。一直到最后，她告知林式同，她选择他做她的遗嘱执行人。林式同有一天收到她的遗嘱很奇怪，好好的给我遗嘱干什么？也不讲些忌讳？遗嘱中提到的 Stephen C. & Mae Soong 他也并不认识，信中也没有说明他们夫妇的联络处。林式同觉得这件事有点子虚乌有。张爱玲不是好好的吗？算了，这不能把它当回事看，因此他把这封信摆在一边，没有答复她。

可是对张爱玲来说，林式同不回音就等于是默认。后来他们从未再提这件事，林式同几乎把它忘了。但是法院没有忘，而且这一天终于到来。

1995 年 9 月 8 日，中午十二点多，林式同回家正想再看当天还没看完的报纸，张爱玲的公寓经理、租房时见过的那位伊朗房东的女儿突然打电话来说："你是我知道的唯一认识张爱玲的人，所以我打电话给你，我想张爱玲已经去世了！"

林式同说："什么，我不信！不久前我才和她讲过话。"房东女儿说："我已叫了急救车，他们快来了。"半小时后，警察打电话通知了林式同，林式同后来回忆，张爱玲是躺在房里唯一的一张靠墙的行军床上去世的，身下垫着一床蓝灰色的毯子，没有盖任何东西，头朝着房门，脸向外，眼和嘴都闭着，头发很短，手和腿都很自然地平放着。她的遗容很安详，只是出奇地瘦，保暖的日光灯在房东发现时还亮着。

最后的海葬也是林式同一手完成的，那一天是1995年9月30日，早上八点他就来到殡仪馆，到办公室取到张爱玲的骨灰盒。这是一个一英尺高十英寸直径的木质圆桶，桶底扣着一片金属盖，用两个螺旋钉钉着，上面贴着张爱玲的名字。林式同恭恭敬敬地捧着，战战兢兢，如履薄冰。半个多小时后，治丧小组成员在预定地点——中国餐馆"亚细亚村"会面。因为这地方林式同早一天曾去勘察过，于是很顺利地准时到达。

葬礼当天风和日丽，治丧小组除在纽约的庄信正因太远不能赶来外，其他三位成员林式同、张错、张信生都出席参加。除此之外，他们还请了三位朋友做摄影工作，把全部过程都记录下来。许媛翔照相，张绍迁和高全之录影。他们也准备了红白二色的玫瑰和康乃馨。张错、张信生分别撰写了祭文。

九点整，他们和船长会面，然后上船出发。这条船并不大，可以容纳二十人，开在海面上相当平稳。他们把张爱玲的骨灰盒放在船头正中预设的木架上，周围绕以鲜花，衬托着迎面而来的碧蓝的海天一色以及扑面而来的微微海风，真有离尘出世之感。

半小时后小船到达目的地，船长把引擎关掉，船就静静地漂在水天一色的海面上。林式同他们站成一排，向张爱玲的骨

海葬后参加葬礼的人在船坞上留影，自左至右：许媛翔、张错、林式同、张
绍迁、张信生、高全之

灰盒三鞠躬，念祭文，然后在船长示意下开始撒骨灰。林式同
向船长要来螺丝起子，想打开骨灰盒的金属底盖时，船身突然
摇晃起来，并且越来越厉害。站在一旁的张错赶紧上前帮忙，
林式同这才打开骨灰盒，又按船长的指示，走向左边下风处，
在低于船舷的高度开始慢慢地撒骨灰。当时汽笛长鸣，伴着隐
隐的涛声，灰白色的骨灰随风飘到深蓝的海面上。

　　在林式同专心扬撒骨灰的同时，其他同行而来的人员把带
来的鲜花也伴着骨灰撒向海面。此时海天一色，碧空如洗，一
层层白色的海浪翻卷过来，带着张爱玲的骨灰与花瓣，漂向茫
茫无垠的天际……

# 张爱玲为什么这样红（后记）

这些年来张爱玲成为大热门，似乎越来越热，成了文学母题，成为文化现象，不断有热点爆出。有时候我也不免暗自惊讶：记忆中张爱玲红了许多年，为什么至今依然这样红？

一个作家的大红大紫从来不会无缘无故，他必定在某一点上契合读者的心理节拍，读者是盲目的，但读者更是理性的。我分析过张爱玲走红的原因，从前片面地认为她写得好，这个观点被我不断修正，现在我认为她走红有多方面原因：

首先是张爱玲的老上海背景。当年五光十色的上海滩，那种中西交融的华丽情缘、古典情结，在上海女人张爱玲身上有最集中的呈现，华人回忆上海滩，必定少不了张爱玲。

其次应该是张爱玲特立独行的个性。比如奇装炫人、出语惊人，包括拒人于千里之外，甚至连她在美国的遗嘱执行人想

见她一面也很难，在几十年时间里他们只见过两次面，第一次
见面时间只有短短的五分钟。所有这一切给张爱玲披上一层神
秘、诡异的面纱，谁都想撩开面纱一睹芳容。

　　第三点应该是张爱玲与民国才子胡兰成的传奇之恋。这场
爱情像燃放在"孤岛"夜空的烟花，虽一闪而逝，却令万众瞩
目。其实，张爱玲好友苏青的作品，无论数量还是深度，均不
在张爱玲之下，只因为苏青没有倾城之恋的华美包装，人也好，
文也罢，一直不温不火，在中国文学史上，她是寂寞的失踪者。

　　还有一点不能不提到，张爱玲是名门之后，祖父、曾外祖父
分别是清末重臣张佩纶与李鸿章，外曾祖父为著名的"黄军门"
黄翼升，就连继母的父亲孙宝琦，亦是民国大总理——四大显赫
家族撑在她身后，我们才在她的命运里看到一派莽莽苍苍。

　　作为一个经典作家，张爱玲的作品备受关注，《金锁记》被
誉为"中国从古以来最伟大的中篇小说"。但是，冷静下来细
看，说张爱玲是二三流作家似乎也没有太冤枉她，她对自己评
价也不高，自称是"小市民作家"。她的作品很通俗，被称为
"纸上电影"，不断被一代代导演重拍、一代代女星演绎，这也
是张爱玲长盛不衰、不断成为话题的原因之一。

　　张爱玲是复杂的、多侧面的，是多棱镜，也是万花筒。在张
爱玲身上，小资看到摩登、少年看到爱情、百姓看到传奇、作家
看到文学、学者看到时代。这些年她红得像把燃烧的火，众人添
柴再火上浇油，这把大火必定会一直燃烧，继续燃烧……

**图书在版编目（CIP）数据**

张爱玲的朋友圈/陶方宣著. —郑州:河南文艺出
版社,2019.12

ISBN 978-7-5559-0446-5

Ⅰ.①张… Ⅱ.①陶… Ⅲ.①张爱玲（1920—
1995）-传记 Ⅳ.①K825.6

中国版本图书馆 CIP 数据核字（2019）第 252363 号

---

出版发行 河南文艺出版社
本社地址 郑州市郑东新区祥盛街 27 号 C 座 5 楼
邮政编码 450018
承印单位 河南瑞之光印刷股份有限公司
经销单位 新华书店
纸张规格 890 毫米×1240 毫米 1/32
印 张 9.125
字 数 187 000
版 次 2019 年 12 月第 1 版
印 次 2019 年 12 月第 1 次印刷
定 价 32.00 元

印厂地址 河南省武陟县产业集聚区东区（詹店镇）泰安路
邮政编码 454950 电话 0391-2527860